edition suhrkamp 2676

Die Entwicklung der EU wird oft als Verfallsgeschichte erzählt: Aus einem visionären Projekt wurde ein technokratisches Monstrum; angesichts der Eurokrise scheint die Stunde des kollektiven Bonapartismus gekommen zu sein, der den Kontinent mit einem Austeritätsregime überzieht. Hauke Brunkhorst präsentiert eine andere Lesart: Wie Dr. Jekyll und Mr. Hyde sind Vision und Technokratie aufeinander bezogen, die utopischen Anfänge sind in Gesetzen konserviert, der Europäische Gerichtshof stärkt die Rechte der Unionsbürger. Das europäische Projekt bleibt ein offener Prozeß, der erneut in eine emanzipatorische Richtung gelenkt werden kann – etwa durch eine Mobilisierung der hochqualifizierten, aber prekär beschäftigten jungen Menschen in Spanien, Griechenland und anderen Mitgliedsstaaten der EU.

Hauke Brunkhorst, geboren 1945, lehrt Soziologie an der Universität Flensburg. Im Suhrkamp Verlag erschien zuletzt *Solidarität. Von der Bürgerfreundschaft zur globalen Rechtsgenossenschaft* (stw 1560).

Hauke Brunkhorst

Das doppelte Gesicht Europas

Zwischen Kapitalismus und Demokratie

Suhrkamp

Erste Auflage 2014
edition suhrkamp 2676

Originalausgabe

Druck: Druckhaus Nomos, Sinzheim
Umschlag gestaltet nach einem Konzept
von Willy Fleckhaus: Rolf Staudt
Printed in Germany
ISBN 978-3-518-12676-9

Inhalt

Vorbemerkung

Je länger man Europa vernünftig anschaut, desto unvernünftiger schaut es zurück. Aber auch die vernünftige Anschauung ist Teil der gesellschaftlichen Wirklichkeit. Das legt eine dialektische Betrachtung nahe.

Im ersten Kapitel dieses Buches geht es um die *Geschichte* der Europäischen Union, deren Dialektik sich als Verdrängung und Wiederkehr des Verdrängten darstellt. Verdrängt wurde der emanzipatorische Anfang ebenso wie die koloniale Vergangenheit und Gegenwart des Kontinents. An ihre Stelle trat eine Friedens-, Verständigungs- und Weltbeglückungsrhetorik, die der Rekonstruktion nationaler Einheit ebenso entgegenkam wie der Hegemonie einer entpolitisierten Wirtschaftsverfassung.

Das Verdrängte lebt allerdings untergründig fort und bleibt dem bewußten Leben als Widerspruch und Widerlager erhalten. Begrifflich stellt es sich als dialektische Spannung zwischen der Logik der Emanzipation und der Logik technokratischer Verwaltung dar. In der sozialen Evolution verschränken sich normative Lernprozesse und kognitive Anpassungsprozesse. Sie verstellen einander den Weg, irritieren sich wechselseitig, springen wie Dr. Jekyll und Mr. Hyde von einem Extrem ins andere. Dr. Jekyll, das ist der gute Wille, der den *Kantian constitutional mindset* zur Gründung einer kosmopolitischen Republik gleicher und freier Bürger antreibt, aber statt des Guten, das er will, bisweilen, wenn auch beileibe nicht immer, das Böse schafft. Mr. Hyde ist der normativ neutralisierte *managerial mindset* evolutionärer Anpassung, der stets das Böse will, für Kant sogar das radikal Böse verkörpert, aber trotz doppelter Negation und anderer dialektischer Tricks nicht immer das Gute schafft. Es ist bei Goethe ja auch der Mephistopheles, der sich mit dieser Behauptung selbst verklärt.

Dieses Szenario dient mir dazu, in Kapitel II den *evolutionstheoretischen* Rahmen zu illustrieren, in den ich dann im längsten, dritten Kapitel die dialektischen Verschlingungen einer mehrstufigen *Verfassungsevolution* einzeichne. Auch wenn das von Mr. Hyde so perfekt wie von Frau Merkel kontrollierte Europa die Logik der Emanzipation, die in seinen Verfassungsbegriffen objektiver Geist geworden ist, nicht mehr los wird, so verdüstert sich doch das Bild mit jedem weiteren Fortschritt der Integration, der *auch* einer der Emanzipation ist. Mit der Einführung einer Währung ohne Gesetzgeber und Regierung ist eine Situation entstanden, in der Europa dem ökonomischen Belagerungszustand wehrlos ausgeliefert zu sein scheint (Kapitel V).

Doch auch dieser Schein könnte trügen. Die Krise löst eine Wiederkehr des bloß verdrängten Emanzipationsinteresses aus. Sie läßt erkennen, daß der Rückzug in die Staatssouveränität wenig aussichtsreich und normativ nicht wünschenswert ist. Die Demokratie, die nur als daseiender Widerspruch des bestehenden Institutionensystems *existiert*, widerspricht nicht nur der Gewaltherrschaft des modernen Kapitalismus, sondern auch der Gewaltherrschaft des modernen Staats.

»Die Lage« (Angela Merkel) ist unübersichtlich, vielfach verdüstert. Obendrein ist die Evolution, wie immer, unbeherrschbar. Sie ist aber auch von normativen Lernprozessen abhängig, die ihr die Weichen stellen und die Gewaltschranke im Recht, mit ungewissem Ausgang, zurückdrängen. Angesichts der Lage hilflos, aber nicht ohne Hoffnung, faßt das letzte Kapitel Chancen und Perspektiven der vielleicht doch noch möglichen europäischen Demokratie ins Auge.

*

Wenn ich im Folgenden von *Europäischer Union* spreche, meine ich das als Oberbegriff für die früheren Gemeinschaften und die spätere Union. Manchmal sage ich auch nur »Europa«. Außerdem werde ich, wo ich mir Martti Koskenniemis Unterscheidung zwischen einem *Kantian constitutional* und einem *managerial mindset* zu eigen mache, die englischen Begriffe beibehalten, weil das Wort *mindset* sich schwer ins Deutsche übersetzen läßt. *Mindset* ist ein Habitus, eine Mentalität, eine Denkweise, eine praktisch gerichtete, generalisierte Einstellung sozialer Gruppen zu sich und andern sozialen Gruppen und zur Gesellschaft im ganzen. Im *mindset* durchdringen sich Begriff und Sache, vernetzen sich Theorie und Praxis. *International mindset* wird im Deutschen oft mit Internationalität, *growth mindset* mit Wachstumsorientierung, *global mindset* ebensoschlecht mit globalem Denken wie *business mindset* mit geschäftlichem Denken übersetzt, so daß man es genauso gut beim englischen Ausdruck belassen kann.

*

Ich danke allen, mit denen ich während vieler Tagungen und Seminare über das Thema diskutiert habe. Frühere Fassungen oder Teile des Manuskripts haben hilfreichen Widerspruch ausgelöst oder weiterführende Kommentare veranlaßt. Dafür danke ich Micha Brumlik, Sonja Buckel, Eric O. Eriksen, Michelle Everson, Robert Fine, John Eric Fossum, René Gabriels, Charlotte Gaitanides, Heinrich Geiselberger, Gerd Grözinger, Jürgen Habermas, Helge Hoibraten, Pablo Holmes, Turkuler Isiksel, Christian Joerges, Paul F. Kjaer, Gertrud Koch, Kjartan Mikalsen, Regina Kreide, Phillip Liste, Mikael Rask Madsen, Augustin Menendez, Kolja Möller, Christoph Möllers, Axel Mueller, Marcelo Neves, Peter Niesen, Markus Patberg, Jiri Priban, Thore Prien, Gerard Raulet, Anne Reichhold, Florian Rödl, Rainer Schmalz-Bruns, Alexander Somek, Chris Thornhill, Kaarlo Tuori und Antje Wiener. Jean Cohen und Andrew Arato danke ich für ein äußerst produktives gemeinsames Seminar an der New School for Social Research zu diesem Thema. David Rasmussen danke ich für die Gelegenheit, in den Clough Center Lectures Spring 2013 meine Thesen vortragen und diskutieren zu können. Besonders dankbar bin ich Maryna Shchaveleva und Oksana Dekhtiarova für die Entdeckung und Beschaffung immer wieder neuer Literatur.

Dem Andenken meines Freundes Heinz Paetzold, mit dem ich auf gemeinsamen Seminaren in Dubrovnik viel über dieses und viele andere Themen diskutiert habe, widme ich diesen Essay.

I. Verdrängter Ursprung

Wie viele Geschichten ist auch die der Europäischen Union eine der Verdrängung ihres Ursprungs.[1] Nicht mit dem technokratischen Konsens der Eliten und ihrem *managerial mindset*, sondern mit der Befreiung unterdrückter Massen zu politischer Selbstgesetzgebung *begann* die Vereinigung Europas im letzten Jahr des Zweiten Weltkriegs (Juli 1944 bis Mai 1945). Durch den technokratischen Konsens der Eliten, der sich dann in den Römischen Verträgen von 1957 durchsetzte, wurde der in den Völkerschlachten, Bürgerkriegen und Klassenkämpfen des Zweiten Weltkriegs erwachte *Kantian constitutional mindset* der Gründung Europas nachhaltig verdrängt.[2] Verdrängt wurde das Ziel der *Emanzipation* Europas von faschistischer Herrschaft, das im Namen umfassender, demokratischer und sozialer Selbstbestimmung angestrebt worden war.[3] Verdrängt und durch nachgeschobene Friedensrhetorik verdeckt wurde die von faschistischer und nationalsozialistischer Herrschaft befreiende Gewalt der Waffen, die der verfassunggebenden Gewalt der Neugründung Europas die Richtung gewiesen hatte. Verdrängt wurde die verfassunggebende Gewalt der Völker, die den regierenden Herren der Verträge die Vereinigung vorgeschrieben hatte.[4] Was blieb, war die Herrschaft der Verträge.

Verdrängt wurde, daß die Einigung Europas und die Einbeziehung Südeuropas in die Union nur unter striktem, auch militärisch erzwungenem Ausschluß aller *demokratischen* Alternativen durchgesetzt wurde, die links vom (moderat sozialdemokratischen) Modell des demokratischen Kapitalismus lagen.[5] Ein aussichtsreicher kommunistischer Aufstand in Griechenland wurde lange vor Gründung der EU gleich nach dem Krieg von britischen Truppen niedergekämpft. Danach hat der Westen die Errichtung einer schwach konstitutionalisierten Monarchie mit einer orthodoxen Staatskirche ebenso massiv unterstützt wie die jahrzehntelange Alleinherrschaft der Christdemokraten in Italien. Als der Dauerkonflikt zwischen Monarchie und Parlament in Griechenland sich in den sechziger Jahren zur Legitimationskrise des politischen Systems ausweitete, haben die EU und der Westen die diktatorische Lösung des Problems mindestens geduldet, wenn nicht stillschweigend begrüßt und unterstützt. Die Obristen hatten die Mitgliedschaft im Europarat sofort nach der ersten Anklage mit der offiziellen Begründung aufkündigt, der Europarat und dessen Kommission für Menschenrechte sei eine Verschwörung von Kommunisten und Homosexuellen gegen die hellenischen Werte.[6]

Verdrängt wurde, daß die EU und ihre Gliedstaaten zusammen mit der Nato und einer militärischen Drohkulisse seitens der USA in den siebziger Jahren die damals durchaus realistische eurokommunistische Option in Italien, Portugal und Spanien blockierten. Die marktkonforme Begrenzung des demokratischen Alternativspielraums und die Unterwerfung Südeuropas unter die Herrschaft des europäischen Wettbewerbskommissars hat Europa viel Geld gekostet. Der segensreiche Strom des Konsum- und Investitionskapitals nach Süden verebbte erst, als das Geld für die Osterweiterung benötigt wurde, um dort den Hoffnungsschimmer des demokratischen Sozialismus im Keim zu ersticken, obwohl viele Bürger Osteuropas diese Option (eine Option, welche die Tschechen in den späten sechziger Jahren riskiert und teuer bezahlt hatten) befürworteten.

Die Verdrängung der kantischen Emanzipationsgeschichte Europas war von Anfang an von einer weiteren Verdrängungsleistung begleitet worden, der Verdrängung der Kolonialgeschichte und des kolonialen Befreiungskampfes.[7] Die kolonialen Befreiungskämpfe begannen auf breiter Front nach dem Ersten Weltkrieg, der Oktoberrevolution und der Proklamation des universellen Selbstbestimmungsrechts der Völker durch den US-Präsidenten Wilson. Sie gewannen durch die nicht mehr allein europäisch und westlich dominierte Neugründung der Vereinten Nationen und den Sieg der chinesischen Revolution nach dem Zweiten Weltkrieg an Schubkraft und erreichten ihr Ziel in den sechziger Jahren, auch wenn es bis zur endgültigen Befreiung der letzten Kolonie (Simbabwe 1980) und dem Ende des südafrikanischen Apartheidregimes (1989) noch etwas länger dauern sollte. Während die Staaten des europäischen Kontinents ihre Neugründung einer globalen Assoziation britischer, amerikanischer, sowjetischer, chinesischer, kolonialer und vieler andere Armeen, kontinentaleuropäischer Partisanenverbände und verzweifelter Aufstände verdankten, haben die vom soeben befreiten Europa immer noch beherrschten und kolonisierten Völker sich selbst wenige Jahre bzw. Jahrzehnte später von der Weltherrschaft des *europäischen, westlichen* und *japanischen Imperialismus*, der weit über den Kreis der autoritären und faschistischen Staatenwelt der dreißiger und vierziger Jahre hinausreichte, befreit und jeweils neue Staatsgewalten in Asien, Afrika und dem Nahen Osten begründet.

Immer noch gibt es winzige Reste europäischer Kolonialherrschaft, in Nordafrika die spanischen Städte Ceuta und Melilla, im Pazifik Französisch-Polynesien, -Neukaledonien, -Wallis et Futuna, im Indischen Ozean die französischen Übersee-Départements La Réunion und Mayotte, in der Karibik die französischen Übersee-Départements Guadeloupe und Martinique, die niederländischen autonomen Gebiete Curaçao, Sint Maarten, Aruba, Bonaire, Sint Eustatius und Sabai. In Lateinamerika teilt das französische Übersee-Département Guayana sogar eine Landgrenze mit Brasilien. Insgesamt leben in Afrika und Übersee ca. drei bis vier Millionen EU-Bürger indigener Herkunft, die sich in der Mehrzahl in Referenden für den Verbleib in den vormaligen Koloniallländern und der EU entschieden haben. Trotzdem fehlen sie auf den offiziellen Landkarten der EU ebenso wie die nachts im hellen Licht der Feindaufklärung erstrahlende Grenze der EU auf dem afrikanischen Kontinent (Ceuta, Melilla). Obwohl Marokko an Ceuta und Melilla grenzt und damit, nicht anders als die Ukraine, eine Landgrenze mit der Europäischen Union teilt, überdies Europa kulturell und sprachlich mindestens so eng verbunden ist wie die Ukraine, wurde der Antrag Marokkos auf Mitgliedschaft 1986 mit der schlichten Begründung zurückgewiesen, Marokko sei kein europäisches Land. Dessen Nachbarland Algerien, das in der Gründungszeit der Europäischen Union achtzig Prozent des französischen Staatsterritoriums umfaßte, war sogar von 1951 bis 1962 als Teil Frankreichs Mitglied der Montanunion und von 1957 bis 1962 Mitglied der Europäischen Wirtschaftsgemeinschaft (EWG). Nie ließ die französische Regierung auch nur den geringsten Zweifel aufkommen, daß Algerien und Frankreich einen Staat bildeten und daß Frankreich das Herz der Europäischen Union sei. Dasselbe gilt für den Vertragstext von 1957 (Art. 227 Abs. 2 EEC). Aber der zwingende logische Schluß, daß dann auch Algerien europäisch sei, sollte nicht gelten. Es galt statt dessen der dekonstruktive Syllogismus: (1) Algerien ist französisch. (2) Frankreich ist europäisch. Also ist (3) Algerien nicht europäisch. Der algerische Befreiungskrieg, den Frankreich von 1954 bis 1962 als Krieg gegen seine eigene afrikanische Bevölkerung führte, ließ sich mit solcher Logik, die den Weißbüchern der Europäischen Kommission eigen ist, ebenso leicht verdrängen wie die eine Million Toten,[8] die er einer Bevölkerung abverlangte, die nach einem Grundsatzurteil des Europäischen Gerichtshofs von 1963 spätestens seit 1957, eigentlich schon seit 1951 europäische Bürgerrechte hatte.[9] Innerhalb der EU wurde die nichteuropäische Emanzipations- und Unterdrückungsgeschichte Europas vollständig verdrängt. Kein offizielles Dokument der EU erwähnt sie.

Verdrängt wurde auch, daß, mit Ausnahme des winzigen Luxemburg, alle Gründernationen der späteren EU, die Niederlande, Belgien, Italien, Frankreich und die Bundesrepublik Deutschland, frühere Kolonialmächte waren und es (mit Ausnahme der Bundesrepublik) bis weit in die Zeit der Europäischen Gemeinschaften blieben. Verdrängt wurden die vielen kolonialen Verbrechen gegen die Menschlichkeit, die, was die bloße Zahl der in kurzen Zeiträumen Ermordeten und das Ausmaß der Grausamkeiten angeht, den japanischen und deutschen Verbrechen während des Zweiten Weltkriegs, der im pazifischen Raum schon Mitte der dreißiger Jahre begann, kaum nachstehen.[10] Verdrängt wurde die Einübung der rassistischen Vernichtungspraxis im Herzen der Finsternis,[11] lange bevor die Taten in Europas Bloodlands wiederholt wurden. Von alldem findet sich in den offiziellen Dokumenten der Union, die immer wieder Europas Geschichte im kosmopolitischen Friedensprojekt der EU enden lassen, nicht eine einzige Spur. Die einzigen Akte physischer Gewalt, von denen dort die Rede ist, sind die sowjetische Intervention in Ungarn 1956 (damals noch kein Mitglied der EU) und die weitgehend gewaltlosen Studentenunruhen der langen sechziger Jahre.[12]

Silencing, zu deutsch: kommunikatives Beschweigen, ist eine der paradigmatischen Leistungen des *managerial mindset*.[13]

Trotz dieser von vornherein zutiefst zwiespältigen Befreiungs-, Unterdrückungs- und Verdrängungsgeschichte bleiben Befreiung und Neugründung Kontinentaleuropas ein eindrucksvoller Umbruch, der ganz dem Muster einer großen Revolution entsprach. Noch der scheidende Kommissionspräsident José Manuel Barroso, man glaubt es kaum, verdankt seinen Posten einem nachholenden Effekt jener gewaltigen Emanzipationsbewegung gegen den europäischen Faschismus, die Portugal, Spanien und Griechenland Mitte der siebziger Jahre erfaßte. Barroso wurde 1956 im damals noch faschistischen Lissabon geboren, dem Zentrum eines fragil gewordenen, aber noch bestehenden, mit Panzern, Geheimpolizei und Folterknechten zusammengehaltenen Kolonialreichs.[14]

Die *Neugründung* trat nicht nur in Deutschland, sondern in allen faschistisch beherrschten Ländern Europas an die Stelle des nach Auschwitz und dem Zweiten Weltkrieg nicht mehr möglichen *Friedensvertrags*. Die bedingungslose Kapitulation der Achsenmächte, das Ende ganzer Staaten und die Aburteilung der faschistischen Kriegs- und Menschheitsverbrechen vor den Militärtribunalen von Nürnberg und Tokio war die historische Bedingung eines auch nach »diesem Ende« noch möglichen »neuen Anfangs«.[15] Die zwischen 1944 und 1949 entstandenen Verfassungen der Gründerstaaten Europas sind dessen erster Ausdruck. Der revolutionäre Charakter dieses Umbruchs ist an einer Reihe von Merkmalen gut erkennbar:

(1) Alle Erstunterzeichnerstaaten der Verträge von Paris 1951, der die Montanunion (mit unabhängiger Hoher Behörde, dem Vorläufer der späteren Kommission, und dem von Anfang an politsch aktiven Gerichtshof) schuf, und Rom 1957, der die EWG ins Leben rief, sind zwischen 1944 und 1948 durch ihre verfassunggebende Legislativgewalt *neu begründet* worden.[16]

(2) Das politische *Führungspersonal* der Gründerstaaten wurde nahezu vollständig ausgetauscht und durch vormalige Emigranten, Widerstandskämpfer und Feinde der Faschisten und ihrer Quisling-Regimes ersetzt – im besiegten Westdeutschland etwas zögerlicher, mit eher sanfter Nachhilfe der Alliierten und unter kommunikativem Beschweigen brauner Biographieanteile. Vie-

le der neuen politischen Akteure Europas kamen direkt aus dem Gefängnis oder dem Konzentrationslager oder hatten im Krieg auf seiten der Alliierten gegen das eigene Land und seine autoritäre Regierung und für ein *anderes* Land und eine *andere* Welt gekämpft.[17] In Deutschland wurde die Kommunistische Partei vom damals noch ziemlich reaktionären Verfassungsgericht verboten, und Sozialdemokraten wie der Nationalist Schumacher und der Internationalist Brandt sahen sich dem perfiden öffentlichen Ansinnen ausgesetzt, für KZ-Gefangenschaft, Emigration und den Kampf auf der richtigen Seite Abbitte zu leisten. Auch der westlich orientierte Kanzler Adenauer, weiß Gott kein Nazi, bediente sich im Kalten Krieg gegen den Kommunismus, den er und seine Propagandastäbe mit der Sozialdemokratie identifizierten, hämisch des unsäglichen Klischees vom unehelichen Vaterlandsverräter (»Brandt, alias Frahm«). Aber nach dem Intermezzo des ehemaligen Nationalsozialisten Kiesinger wurde mit Willy Brandt schließlich auch in der Bundesrepublik ein Emigrant, der im Exil gegen das Großdeutsche Reich gekämpft hatte, Bundeskanzler.

(3) Die Alliierten beendeten 1945 die *staatliche Existenz* Deutschlands und begründeten eine Rechts- und Staatsordnung, aus der am Ende zwei neue Staaten hervorgingen. Das vollständige Verschwinden Deutschlands als souveräner Staat strafte fortan jede Behauptung staatlicher Identität Lügen, das konservative deutsche Staatsrecht, das noch immer Schmitt hochhielt und Kelsen totschwieg, mochte sich noch so sehr an die Behauptung staatlicher Kontinuität klammern, die es frei nach dem aufs deutsche Volk gemünzten Motto Stalins in den

souveränitätsfreien Raum projizierte: »Die Hitlers kommen und gehen, der deutsche Staat bleibt bestehen.«[18] Das wurde zur Lebenslüge der Bundesrepublik. Aber es half nichts, der Staat war weg. Deshalb konnte das Grundgesetz auch nicht dem immer schon bestehenden, substantiellen Staat eine neue Verfassung verpassen, als wäre es ein neuer, bürgerlicher Anzug, den man, wenn es ernst wird, gegen eine schneidige Uniform eintauscht, sondern die verfassunggebende Gewalt des Volkes hatte (anders als die Verfassung des 1871 gegründeten Bismarckreichs) *durch die neue Verfassung einen neuen Staat hervorgebracht* – und kein Stück mehr an Staat, als die Verfassung erlaubt.[19] Schon deshalb ist es ein großer Fehler, die demokratische Verfassung (und das Volk, das sie sich gibt) mit dem Staat zu identifizieren. Das Grundgesetz hat sich vom rechtshegelianischen Sonderweg und dem deutsch-englischen Konstitutionalismus verabschiedet und ist, wie schon im ersten, gescheiterten Versuch die Weimarer Reichsverfassung, dem evolutionären Pfad der atlantischen, französisch-amerikanischen Verfassungsrevolution gefolgt.[20]

(4) Die neuen Verfassungen waren *demokratischer* als je zuvor und haben überall die vor-egalitäre, verfassungsrechtliche Verschränkung des Staats mit mächtigen Korporationen und Verbänden aufgelöst und die ungeteilte Herrschaft des nun erst überall ans allgemeine und gleiche Erwachsenenwahlrecht gebundenen Parlaments zum Ausdruck gebracht.[21] Der im Weimarer Reichstag noch kontrafaktische Satz Herman Hellers, Gesetz sei, was immer das Parlament, und nur, was das Parlament beschließt, wurde verfassungsrechtliche Wirklichkeit.[22]

Damit wurde der Rechtshegelianismus deutscher Staatsrechtslehre zur *verfassungsrechtlich* nicht mehr gegenwärtigen Vergangenheit, auch wenn er als herrschende Meinung des Faches noch lange ein gespenstisches Schattendasein führte und im Neokonservatismus der frühen neoliberalen Ära sogar ein beachtliches intellektuelles und ideologisches Comeback feiern konnte.

(5) Die neuen Verfassungen waren direkt oder indirekt auf den *egalitären Sozialstaat* eingeschworen. Schon 1941 hatten Altiero Spinelli, Ernesto Rossi und Eugenio Colorni (alle drei kommunistische Settembrinis, die 1941 auf der italienischen Gefangeneninsel Ventotene interniert waren[23]) im »Manifest von Ventotene« die Idee eines europäischen Föderalismus mit politischer und gesellschaftlicher Demokratisierung, sozialen Rechten, gemischten Eigentumsformen und sozial interventionistischer Wirtschafts- und Finanzpolitik verbunden – und damit das sozialstaatliche Modell der nationalstaatlichen Massendemokratien der Nachkriegszeit, lange bevor es in die nationale Wirklichkeit trat, europäisiert. Das Manifest bringt »den Kern einer Zeitdiagnose zum Ausdruck, die damals die meisten politischen Kräfte des antifaschistischen Widerstands teilten«.[24] Es dominierten bis in die Programme konservativer Parteien hinein Ideen des demokratischen Sozialismus.[25] Das Ahlener Programm (1947) der nordrhein-westfälischen CDU ist nur eines von vielen Beispielen.

Die in den fünfziger Jahren von einer Minderheit durchgesetzte Fixierung der deutschen Konservativen auf den radikal antisozialistischen Ordoliberalismus der sogenannten sozialen Marktwirtschaft war eine weitere deutsche Besonderheit, die erst in den späten Sechzigern korrigiert wurde, als die Sozialdemokraten und mit ihnen der wirtschaftspolitische Keynesianismus zu nationaler Macht gelangten. Charakteristisch war in den fünfziger Jahren die berühmte Kontroverse zwischen dem neomarxistischen Theoretiker des parlamentarischen Wegs zum Sozialismus, Wolfgang Abendroth, den die Nazis ins Zuchthaus geworfen hatten, und dem ehemaligen Nazi-Verwaltungsjuristen und neokonservativen Schüler Carl Schmitts, Ernst Forsthoff. Forsthoff vertrat eine heute wieder hochaktuelle Position, die sich weitgehend mit der Hayeks und jener der deutsch-österreichischen Ordoliberalen deckte.[26] (Hayek war zwar kein Schüler Carl Schmitts wie Forsthoff, aber ein großer Fan von ihm.[27]) Die Ironie der Kontroverse aus den Jahren 1953 und 1954 besteht darin, daß Abendroths Auslegung der Sozialstaatsverfassung in den fünfziger Jahren für marxistisches Teufelswerk gehalten und ihrem Autor sogar der Vortrag auf der Staatsrechtslehrertagung verweigert wurde, obwohl er zu deren Vorstand gehörte. Selbst der weit progressivere Verband deutscher Politikwissenschaftler konnte sich am Ende des Jahrhunderts nicht zur Auslobung eines Abendroth-Preises durchringen und hat sich statt dessen für den wissenschaftlich eher bedeutungslosen Konservativen Theodor Eschenburg entschieden, der sich dann freilich als weiterer »Nazi in der deutschen Suppe« (Thomas Bernhard) erweisen sollte. Der *managerial mindset* hat's verdrängt, aber die Suppe hat's dann doch ans Tageslicht gespült. Zu der Zeit aber hatte sich Abendroths Auslegung des Grundgesetzes bei der Mehrzahl der Verfassungsjuristen, zumindest beim Verfassungsgericht selbst, »durchgesetzt«.[28] Anders als Abendroths Auslegung des Grundgesetzes war Forsthoffs ordoliberale Ausweitung des Grundrechtsschutzes auf das Privateigentum an Produktionsmitteln, die auf der rechtshegelianischen Trennung von Staat und Gesellschaft fußte, soziologisch veraltet und juristisch mit dem Demokratieprinzip (Art. 20 GG) unvereinbar geworden, stellt dieses doch das Sozialstaatsprinzip (Art. 20 Abs. 1 GG) dem »Ausgang« und der »Ausübung« »aller« »Staatsgewalt« durch das »Volk« (Art. 20 Abs. 2 GG) unmittelbar voran. Im Unterschied zur Hegelschen Rechtsphilosophie und zur deutschen Staatsrechtslehre des Kaiserreichs kennt das Grundgesetz normativ keinen Gegensatz von Staat und Gesellschaft, sondern verlangt umgekehrt, »den auf Demokratie verpflichteten Staat als *bestimmbaren* Teil der Gesellschaft« zu »behandeln«.[29] Erst in den sechziger Jahren begann auch dieses deutsche Sonderbewußtsein langsam abzusterben.[30]

Dem nationalen Tod war freilich, wie wir im nächsten Kapitel sehen werden, die geräuschlose, von Hayeks brillanter Synthese aus Carl Schmitt, Karl Popper und Friedrich Hayek auf den ordoliberalen Begriff gebrachte Wiederauferstehung des demokratiefreien Not- und Verstandesstaats (Hegel) im europäischen Institutionensystem vorangegangen. Der Not- und Verstandesstaat der Hegelschen Rechtsphilosophie ist ein Rechtsstaat ohne Gesetzgeber und Regierung, ganz nach dem Geschmack des Ordo- und Neoliberalismus, und schon Hegel war so weit Liberaler, daß er nicht nur dem (nur mitbestimmenden) Gesetzgeber, sondern auch der (monarchisch bestimmten) Regierung die Lösung der sozialen Klassenprobleme, die der moderne Kapitalismus zwangsläufig erzeugt, entzogen hat, um sie der staatsfernen bürgerlichen Gesellschaft selbst zu überlassen – wohl wissend, daß sie *in* der bürgerlichen Gesellschaft keine Lösung finden können.[31] Das haben die heutigen Theorien der »civil society« zwar vergessen, sie scheitern aber am selben Problem.

(6) Die Verpflichtung auf eine sozial egalitäre Massendemokratie in den Verfassungen der Gründerstaaten wurde durch deren kosmopolitische *Völkerrechtsoffenheit* ergänzt – mit der einen Ausnahme Belgiens, das durch solche Offenheit sein noch bestehendes Kolonialreich gefährdet sah. Eine berechtigte Befürchtung, war die UN-Charta doch nicht nur unter aktiver Beteiligung lateinamerikanischer und nichtwestlicher Länder zustande gekommen, sondern diese waren auch in überwältigender Mehrzahl deren Erstunterzeichner (33 von 48 Staaten).[32] Damit war Europa endgültig zu einer Provinz der Weltgesellschaft geworden.[33]

(7) Verfassungsrechtlich entscheidend für die Gründung und Entwicklung der Europäischen Union ist jedoch gewesen, daß sich die verfassunggebenden Gewalten aller Gründungsmitglieder explizit zum Staatsziel der *politischen Vereinigung Europas* bekannt haben. Nur Luxemburgs Verfassung fehlte eine explizite Formulierung, aber dessen Verfassungsgericht entschied, daß sie der Verfassung implizit sei. Zusammengenommen, sind die Gliedstaaten deshalb nicht nur *vertragsschließende* Akteure *internationalen Rechts*, sondern konstituieren durch den von ihnen geteilten *verfassunggebenden Willen* schon 1951 (bei Gründung der Montanunion) eine

autonome Rechtsgenossenschaft. Jan Eric Fossum und Augustin Menendez sprechen treffend von einem »synthetic constitutional moment«.[34] Dadurch wuchs den Gemeinschaftsverträgen von Paris und Rom *von Anfang an eine weit über das Völkervertragsrecht hinausschießende verfassungsrechtliche Verbindlichkeit zu.*

Dem kam das öffentliche Bewußtsein des geschundenen Kontinents entgegen. Churchill mag bei seiner berühmten Züricher Europarede von 1946 – »We must build a kind of United States of Europe [...] which could give a sense of enlarged patriotism and common citizenship to the distracted peoples of this turbulent and mighty continent«[35] – nicht nur heimlich gehofft haben, das durch den Krieg geschwächte britische Kolonialreich an der Seite eines geeinten Europa retten zu können. Indem Churchill ein starkes British Commonwealth of Nations neben einem starken europäischen Bundesstaat, den USA und der Sowjetunion, vereinigt unter dem Dach der UNO, imaginiert, macht er einen letzten, längst hoffnungslos gewordenen Versuch, die koloniale Vergangenheit in die postkoloniale Gegenwart Europas hinüberzuretten.

Aber Churchill mag damit auch ein sehr viel realistischeres Projekt vor Augen gehabt und genau daran seine reaktionären Hoffnungen geknüpft haben. Vielleicht hat er sich an die große Wirkung des amerikanischen Präsidenten Woodrow Wilson am Ende des Ersten Weltkriegs erinnert. Wilson hatte 1918 für einen geschichtlichen Augenblick erst die Hoffnungen der Welt auf Völkerbund, Kosmopolitismus und demokratische Selbstbestimmung gelenkt – und dann enttäuscht. Das hatte seinerzeit den jungen Ho Chi Minh motiviert, aus dem Paris der Versailler Friedenskonferenz abzureisen und in Moskau neue Bündnispartner zu suchen. Aber Wilson konnte mit seiner Initiative einen bis dahin beispiellosen Prozeß globaler politischer Institutionalisierung anstoßen, der trotz aller Rückschläge nicht mehr gänzlich rückgängig zu machen war. Dieser Prozeß, der ohne die Amerikaner kaum zustande gekommen wäre, scheiterte zwar in den dreißiger Jahren am Widerstand einer zunehmend autoritären Staatenwelt und unter dem Hohngelächter der Faschisten, ist aber, wie Churchill in seiner Rede zu Recht betont, seit dem Sieg über den Nationalsozialismus 1945 ins Stadium seiner Verwirklichung getreten.

Im Jahr 1946 jedenfalls waren die kosmopolitischen Hoffnungen sehr viel realistischer geworden als 1918, wie die erfolgreiche Reorganisation der gesamten internationalen, politischen, rechtlichen und ökonomischen Ordnung seit der von Roosevelt entworfenen und von ihm zusammen mit Churchill unterzeichneten Atlantik-Charta damals bereits erkennen ließ. Die Atlantik-Charta, die ebenso wie Spinellis Europa-Manifest aus dem Wendejahr 1941 stammt, hatte neben dem unvermeidlichen amerikanischen Interesse am Freihandel eine starke sozialpolitische Komponente, die auf den Einfluß des sozialdemokratischen New Deal, in dessen Namen Amerika in den Krieg gezogen war, zurückging. Indem Churchill sich nicht nur auf die »Atlantic-Charter«, sondern ausdrücklich auch auf die universellen, demokratischen und sozialen – im »freedom from want« sogar sozialistischen – »four freedoms« (freedom of speech & worship, freedom from want & fear) des »great President

Roosevelt« beruft, zeigt seine gewiß nicht sozialistisch gemeinte Rede eine heute ebenso verblüffende wie weitgehende Übereinstimmung mit dem sozialistischen Europa-Manifest Spinellis und seiner Genossen.[36]

Zwischen 1940 und 1950 gab es eine starke proeuropäische Strömung, nicht nur unter den Politikern, sondern auch unter progressiven *und* konservativen Intellektuellen. Sie alle traten für ein mehr oder minder demokratisches *und* sozialistisches Europa ein, oft, aber nicht immer, verbunden mit katholischen oder kommunistischen Ideologien des Dritten Wegs zwischen dem vermeintlich amerikanischen Kapitalismus und dem sowjetischen bürokratischen Sozialismus. Die europäische Einheitsfront reichte von Arendt bis Maritain, von Trotzki bis Keynes, von Aron bis Sartre, von Kojève bis Camus. Was Arendt 1945 schrieb, dürfte für die Mehrheit ihrer Intellektuellengeneration, aber auch für eine breite Stimmungslage der europäischen Bevölkerung repräsentativ gewesen sein:

> »Einen wirklichen Frieden wird es erst geben, wenn die Nationalstaaten einen Teil ihrer ökonomischen und politischen Souveränität einer höheren, gesamteuropäischen Autorität übertragen. Was für eine Union das ist, ein europäischer Rat, eine Föderation oder Vereinigte Staaten von Europa, ist dann eine zweite Frage.«[37]

Dem aber folgte, wie es nach großen, revolutionären Umwälzungen nicht unüblich ist, der lange Katzenjammer inkrementeller Politik, expertokratischer Fallstrikke, klassenpolitischer Winkelzüge und des hegemonialen Drucks und Gegendrucks, durch den die Gesellschaft lernt, sich die Resultate einer massiven und plötzlichen Veränderung gesellschaftlicher Strukturen nüchtern anzueignen und sich mit der Anpassung unangepaßter, aber schon existierender Ideen an den stummen Zwang der Verhältnisse zu arrangieren.[38] Den großen Augenblicken, in denen der *Kantian constitutional mindset* zum Geschichtszeichen wird – und der 2. Februar 1943 (Sieg der Roten Armee in Stalingrad), der 6. Juni 1944 (Landung der Amerikaner in der Normandie), der 8./9. Mai 1945 (Bedingungslose Kapitulation des Großdeutschen Reiches) und der 26. Juni 1945 (Unterzeichnung der UN-Charta durch fünfzig Nationen in San Francisco) waren solche Zeichen –, folgt die lange, leere und homogene Zeit des *managerial mindset*, in der das kollektive Bewußtsein der keineswegs interessenlosen Verhandlungsdelegationen, Vertragsarchitekten, Diplomaten, Berufspolitiker, Lobbyisten, Kommissionen und Gerichte den Kontakt mit dem emanzipatorischen Interesse der verfassunggebenden Gewalt verliert.[39] »Der Furor demokratischer Neugründung, der im antifaschistischen Europa angelegt war, wurde domestiziert.« (Kolja Möller)[40] Spätestens mit dem Vertrag von Rom wurde Europa, so Jacques Delors, zum sorgsam »von der öffentlichen Meinung« »abgeschotteten« Elitenprojekt.[41]

Schon bald nach 1945 trat die Kontingenzformel von »Aussöhnung und Frieden« zwischen vormals verfeindeten Nationen an die Stelle der »Befreiung vom Faschismus«, die als Riß durch alle Nationen hindurchging. Das kam der Wiederherstellung nationalstaatlicher Normalität überall in Europa ebenso entgegen wie der neuen, antikommunistischen Frontstellung des Kalten Kriegs und den dazu passenden, revisionistischen Absichten der geschlagenen Faschisten. Damit wurde das vergangenheitspolitische Programm des letzten Wehrmachtsberichts vom 9. Mai 1945 nicht nur in Deutschland, sondern auch in Europa wirksam. Dieses perfide Dokument, mit dem das Großdeutsche Reich sich aus der Geschichte verabschiedete, war ein letzter Versuch, die völkerrechtliche Friedensoption mit dem Westen offenzuhalten, indem es Genozid, Massenmord und Vernichtungskrieg in ein »sechsjähriges« »ehrenvolles« und »heldenhaftes Ringen« der »deutschen Wehrmacht« und den imperialen Angriffskrieg in eine gewaltige Abwehrschlacht der westlichen Zivilisation gegen die bolschewistisch-slawische Barbarei umdeutete. So konnte der Wehrmachtsbericht im buchstäblich letzten Satz des Naziregimes imaginieren, dem Westen das »vorgeschobene Bollwerk« anzudienen, das noch am letzten Kriegstag »in Kurland« dem Ansturm der Barbaren aus dem Osten widerstand.[42]

Die Ablösung der antifaschistischen Befreiungs- durch die antikommunistische Friedensrhetorik machte seit den fünfziger Jahren das kommunikative Beschweigen brauner Biographieanteile weit über den CDU-Staat hinaus zum *tacit consent* der europäischen Vereinigung.[43] So gesehen waren – ganz so wie von den neokonservativen Historikern der deutschen Regierung geplant – der pathetische Händedruck vor den Gräbern von Verdun im Jahr 1984 und der Bitburger Weg, den Kohl und Reagan ein halbes Jahr später einschlugen, um an den Gräbern gefallener SS-Männer Kränze niederzulegen, zwei Seiten derselben Medaille. Am schlechten, aber noch vorläufigen Ende wurde die Europäische Union dafür mit dem

Friedensnobelpreis belohnt, nachdem sie schließlich die kalte Ostfront im Zuge der Osterweiterung nach Süden, ins Mittelmeer und den afrikanischen Atlantik, verschoben und eine zweite, innere Front zwischen dem immer reicher werdenden Norden und dem immer ärmer werdenden Süden der Eurozone errichtet hatte, ganz abgesehen davon, daß ihre Gliedstaaten überall in der Welt (mit und ohne Billigung des Sicherheitsrats) Kriege führen. Tony Blair hat noch 2007 in einem Artikel für *Foreign Affairs* den schlimmsten dieser Kriege, den dritten Golfkrieg, damit gerechtfertigt, daß es sich nicht mehr um einen »clash *between* civilizations« handeln würde, sondern um einen »clash *about* civilization«.[44] Aber seit die Demokratie »sich nicht mehr [...] vergißt«,[45] sind es nicht mehr die Herren, sondern die Knechte der Verträge, die Geschichte machen. Daran hat die überwältigende Mehrheit der europäischen Bürgerschaft Tony Blair erinnert, als er im Jahr 2003 zusammen mit seinem Freund Bush Bündnispartner für den Feldzug im Irak suchte, aber nicht fand und statt dessen auf den Straßen und Plätzen des Kontinents und in nationalen Wahlen nur Widerspruch erntete. Damals artikulierte sich zum ersten Mal eine aktive europäische Öffentlichkeit.[46]

II. Dr. Jekyll und Mr. Hyde

Vor einigen Jahren hat der finnische Völkerrechtler Martti Koskenniemi die wichtige Unterscheidung zwischen zwei verfassungspolitischen Denkweisen eingeführt, dem *Kantian* und dem *managerial mindset*.[47] Unter einem *mindset* versteht Koskenniemi ein begriffliches Netzwerk, das professionelle, politische und andere Praktiken anleitet, orientiert, mit ihnen zu einer Art Lebensform verwoben ist.

Ich beginne mit Koskenniemis These, daß das Recht einen Doppelgänger hat, von dem es nicht loskommt (1), werde sodann die intensionale Bedeutung (Sinngehalt) der beiden *mindsets* (2) und die extensionale Reichweite ihrer verschiedenen Sprachen (Referenz, Inklusionsbereich) näher bestimmen (3). In einem nächsten Schritt werde ich diese Unterscheidung in die Theorie sozialer Evolution integrieren (4). Dabei wird sich der *Kantian constitutional mindset* als Medium normativer Lernprozesse und revolutionärer Errungenschaften erweisen, die sich mit den evolutionären Errungenschaften und kognitiven Anpassungsleistungen des *managerial mindset* dialektisch vermitteln (5). In den Punkten (1) bis (3) folge ich weitgehend Koskenniemi, in den Punkten (4) und (5) weiche ich deutlich ab von seiner dualistischen Konstruktion, die nur einen a-rationalen Perspektivenwechsel (*gestalt switch*) zwischen den beiden Sprachspielen zuläßt.

1. Doppelgänger

Wer mit den Arbeiten Koskenniemis vertraut ist, erkennt schnell, daß die Unterscheidung von *Kantian* und *managerial mindset* eine der vielen Varianten des ewigen Kampfes der beiden Seelen im Herzen der modernen Völkerrechtlerin ist, der des gutwilligen Kantianers Dr. Jekyll und der des bösartig instrumentellen Managers Mr. Hyde.[48] Schon in Koskenniemis erstem großen Buch von 1989 wechseln der moderne Völkerrechtler und die moderne Völkerrechtlerin ständig zwischen der Rolle und dem Sprachspiel von Dr. Jekyll und jenen von Mr. Hyde hin und her.[49]

Kaum hat Dr. Jekyll die kosmopolitische Utopie verkündet, schon ist sein Doppelgänger Mr. Hyde zur Stelle, um sie in eine bloße Fassade imperialer Apologie zu verwandeln. Kaum hat Mr. Hyde in John Fords *Der Mann, der Liberty Valance erschoß* (1962) die Peitsche schwingen lassen, um dem Anwalt aus den verfassungsrechtlich wohlgeordneten Oststaaten der USA zu erklären, hier draußen, in den staatenlosen *open ranges*, herrsche *western law*, da schlägt Dr. Jekyll das Schild mit der Aufschrift »Ransom Stoddard – Attorney of Law« an den Eingang seines Büros, um schon mit seinem Namen (*ransom* = der Erlöser) das Recht der herrschenden Klasse mit dem Erlösungssinn *desselben* Rechts zu konfrontieren, einem Erlösungssinn, der die westliche Rechtstradition seit der päpstlichen Revolution des 12. Jahrhunderts bestimmt.[50] Wie immer man es dreht und wendet, das Recht wird seinen Doppelgänger nicht los.

In dem gleichnamigen historischen Meisterwerk über

den *Gentle Civilizer of Nations* (2002) versammelt Dr. Jekyll die Erben jener *gentle civilizers*, der »sanften Zivilisierer«, auf seiner Seite, die wie Hans Kelsen, Georges Scelle, Hersch Lauterpacht oder Wolfgang Friedmann die Stürme des 20. Jahrhunderts nutzen wollen, um die internationalen *Beziehungen* der Nationen der Normativität des internationalen *Rechts* zu unterwerfen und die Verunstaltung des Rechts durch Gewalt aufzuheben. Walter Benjamin hat das in seinem berühmten Essay *Zur Kritik der Gewalt* eine »zarte Aufgabe« genannt und auf die Existenz »gewaltloser Übereinkunft« im diplomatischen Verkehr verwiesen.[51] Auf der andern Seite findet Mr. Hyde in Carl Schmitt, Hans Morgenthau und den Regierungsjuristen des US-amerikanischen Außenministeriums intellektuelle Bündnispartner, die das gegenteilige Ziel verfolgen, das internationale *Recht* der Faktizität internationaler *Beziehungen* zu unterwerfen. Vom internationalen Recht soll nur die strategische Funktion, imperiale Großräume zu stabilisieren, erhalten bleiben. Schluß mit den emanzipatorischen Blütenträumen! Zurück zur waffenstarrenden Pax Romana![52] Am Ende besiegelt die Militärintervention der USA in der Dominikanischen Republik, die 1965 eine demokratisch gewählte Regierung stürzt, um eine weltmarktkonforme Diktatur zu errichten, den Niedergang des Projekts der sanften Zivilisierung der Nationen.

Der Erzähler Koskenniemi aber schlägt sich, wie nicht anders zu erwarten, auf die Seite Wolfgang Friedmanns, der damals den Universalismus des Völkerrechts gegen dessen instrumentelle Indienstnahme öffentlich, aber erfolglos verteidigt hatte. Die Regierungsjuristen hatten argumentiert, schon die demokratische Wahl einer marxistisch-leninistischen Regierung sei ein Akt der kriegerischen Aggression gegen die Organisation Amerikanischer Staaten (OAS) und der gewaltsame Sturz einer solchen Regierung deshalb ein legaler Akt der Selbstverteidigung. Sie sind sogar noch weiter gegangen und haben, schlecht platonisch und gut stalinistisch, behauptet, der Sturz einer von den Bürgern gewählten linken Regierung sei in deren eigenem, demokratischem Interesse. Angesichts einer solchen Interpretation des Gewaltverbots und des Instituts freier Wahlen fühlte Wolfgang Friedmann sich wie Alice im Wunderland. Die Instrumentalisierung für Zwecke imperialer Selbsterhaltung mußte das Recht *als* Recht vernichten.[53]

Friedmann konnte den Niedergang des Völker- und Verfassungsrechts damals zwar nicht aufhalten, hatte jedoch, indem er die professionelle Kultur des Rechtsformalismus gegen dessen Instrumentalisierung verteidigte, das bessere Argument auf seiner Seite, das zusammen mit den Texten der UN-Charta und der amerikanischen Verfassung den Kalten Krieg überdauerte. Die Wirklichkeit allerdings hat sich, so scheint es, nicht nach Text und Argument gerichtet. Im Gegenteil: Die strategische Vereinnahmung des Rechts ist zur blutigen Regel geworden.

Als aber das amerikanische Außenministerium und seine Koalition williger Juristen 2003 die völkerrechtswidrige Militäraktion gegen den Irak rechtfertigten, haben ihnen Dr. Jekylls »Völker der Vereinten Nationen« (Präambel UN-Charta), die kosmopolitischen Erben der »good People of these Colonies« (*Declaration of Independence* von 1776), nicht nur in Europa, sondern überall auf der Welt widersprochen. Sie haben, so Koskenniemi in einem Aufsatz aus demselben Jahr,[54] daran erinnert, daß die hochspezialisierten Experten, Berufspolitiker und intimen Kenner der lebenswichtigen Interessen des Westens nicht zuständig sind, wenn es darum geht, eine »Rechtsverletzung an einem Platz der Erde«, die »an allen gefühlt wird«, eine Rechtsverletzung zu nennen und ihr öffentlich Einhalt zu gebieten, egal welche lebenswichtigen Interessen sonst noch auf dem Spiel stehen mögen und ob die Verletzten Kommunisten sind oder sonst ein Teufel.[55] Hier ist jede und jeder gleichermaßen zuständig, müssen »hinterlistige Maximen« und Gesetzesprogramme einer »lichtscheuen« Politik doch publik gemacht werden, um erkennen zu können, ob sie »mit dem Recht des Publikums in Eintracht stehen«.[56]

Ganz so wie seinerzeit Karl Marx, der in der Frage der Judenemanzipation die Spezialisierung von Verfassungsfragen auf Funktionssysteme, ohne sie auch nur im geringsten zu verachten, als bloß partielle »politische Emanzipation« kritisiert hatte, haben die Demonstranten in Europa und Übersee Klassenschranken, imperiale Abhängigkeiten und Funktionsimperative beiseite geräumt, um ihr Nein *als* verfassunggebende Gewalt der Weltgesellschaft – und damit als Stimme der »menschlichen Emanzipation« – zur Geltung zu bringen.[57] Das global kommunizierende Publikum hat sich, ebenso wie die Juristen des amerikanischen Außenministeriums, an der UN-Charta orientiert. Aber es hat die Charta *als* Verfassung verstanden, die wie die amerikanische »ein Laiendokument, kein Juristenvertrag« ist.[58] Das Publikum hat die Präambel, anders als die findigen Völkerrechtler, als Referenz an die verfassunggebende Gewalt wörtlich und ernst genommen: »Wir, die Völker der Vereinten Nationen ...«. Genau so hatte auch Kant, den Friedrich Engels und Heinrich Heine treffend den deutschen Philosophen der Französischen Revolution genannt haben, die Erweiterung der politischen zur menschlichen Emanzipation als Ausübung verfassunggebender Legislativgewalt verstanden. Sie ist nur »möglich«, wenn das »Publikum« aller Gesetzesunterworfenen die »Zwecke aller« zum verfassunggebenden Willen »vereinigt«.[59] Der erste Schritt dazu ist die Negation der bloß angemaßten Legislativkompetenz der politisch-ökonomischen Klasse und ihrer professoralen und journalistischen Legitimationsbeschaffer.

Was an den Geschichten, die Koskenniemi erzählt, auffällt, ist, daß auch noch im Bruch und Niedergang des Völkerrechts die Spuren des *Kantian constitutional mindset* und der *menschlichen Emanzipation* nicht verschwinden, sondern immer wieder von neuem sichtbar werden und sich mit juristischen Argumenten und philosophischen Entwürfen, mit Worten, Parolen und Pflastersteinen auf vielen Sendern Gehör verschaffen. Daran schließt meine evolutionstheoretische These an, daß der *Kantian constitutional mindset* eine Art Sperrklinkeneffekt darstellt, der die emanzipatorischen Errungenschaften der Evolution vor sozialer Selektion durch hegemoniale Klasseninteressen und moralisch neutralisierte Funktionsimperative schützt (4).

2. Bedeutung

Die revolutionäre Überwindung des Absolutismus bestand für Kant nicht in der liberalen Herrschaft des Gesetzes. Die hatte der Absolutismus längst etabliert.[60] So unverzichtbar die Herrschaft des Gesetzes ist, es ist nur dann ein gutes Gesetz, wenn es uns von jedem Gesetz, das wir uns nicht selbst gegeben haben, emanzipiert.[61] Die von Rousseau bis Hegel durchbuchstabierte Idee, Recht sei Freiheit, erweist die vermeintlich unlösbare Komplizenschaft von Recht und Gewalt als bloße Kontingenz.[62] Daran werden spätere Kritiker des bürgerlichen Rechts wie Hermann Cohen, Franz Rosenzweig und Walter Benjamin anschließen.[63] Die »Idee« einer universellen »Verfassung von der größten menschlichen Freiheit nach Gesetzen, welche machen, daß jedes Freiheit mit der andern ihrer zusammen bestehen kann«, muß deshalb nicht nur dem Entwurf einer möglichen Staatsverfassung als »notwendige« (und nicht bloß regulative) Idee zugrunde gelegt werden, sondern auch der legislativen Erzeugung »aller Gesetze«.[64] Ihr innerer, in der sozialen Evolution selbst erzeugter Universalismus treibt sie auch noch über alle Staatsgrenzen hinaus, denn er verlangt nach der *Konstitution* einer kosmopolitischen Organisation, die alle Staatsverfassungen aufhebt, um ihren Gewaltkern, wenn nicht zu vernichten, so doch zurückzudrängen. Nur dann kann die Freiheitsidee des Rechts bewahrt und unverkürzt zur Geltung gebracht werden.[65]

Während der *Kantian constitutional mindset* auf Autonomie, *self-government* und demokratische Repräsentation eingeschworen ist und sich an der internen

Verbindung von Recht und Demokratie orientiert, setzt der *managerial mindset* auf *rule of law*, professionelle Technik, instrumentelle Rationalität, *new public management* und die interne Verbindung von *law and economics*, dem letzten boomenden Fachbereich unserer verödeten Universitäten.

Die *normative* Rhetorik des *Kantian mindset* ist die des *radical change* und der 11. Feuerbachthese, der Verfassungsrevolution und des *government of the people*: der Menschenrechte, der Volkssouveränität, der verfassunggebenden Gewalt und des parlamentarischen Regimes: Obama in der Rolle des jungen, schwarzhaarigen Präsidentschaftskandidaten, der die ganze progressive Welt, die globale Antidiskriminierungskoalition zum Weinen bringt, als er gewählt wird.

Demgegenüber ist die *technische* Rhetorik des *managerial mindset* die der konstituierten Gewalt, der Reform, der Verstetigung und Bewahrung des Bestehenden, des evolutionären Inkrementalismus und Gradualismus, des *government by and for the people*, das aber ebensogut im Interesse wie gegen die Interessen des Volkes handeln kann, um dessen allgemeinen Willen den Sonderinteressen der Bürokratie, dem Profitinteresse einer ökonomisch herrschenden Klasse, einer regierenden Partei, einer imperialen Strategie, einer zufälligen Mehrheitskonstellation oder dem, was Mr. Hyde für das jeweils wahre Interesse des Volkes ausgibt, zu unterwerfen: Obama als alternder, an den Schläfen ergrauter Amtsinhaber, der längst die Verachtung der ganzen progressiven Welt auf sich gezogen hat.[66]

Der *managerial mindset* ersetzt die kantische Rhetorik

des Wahlkampfs, des radikalen Wandels und der Revolution, die Marxisten und amerikanische Präsidentschaftskandidaten seit je verbindet, durch den Alltag des cleveren Apparatschiks, durch zermürbende Verhandlungsmarathons, geschickte Diplomatie und mehr oder minder faule Kompromisse wie den, der 1989 zur Einführung des Euro führte. Solche Kompromisse ermöglichen jedoch in der Regel Resultate, die Machtverhältnissen und Interessenlagen mehr oder minder optimal angepaßt sind und die ständig nachjustiert werden können, so daß ein System oder ein Regime auch mit faulen Kompromissen und schlechten Lösungen halbwegs ungeschoren über die Runden kommt – das *System*, nicht unbedingt die Bevölkerung, die an das System strukturell, also auf Gedeih und Verderb gekoppelt ist.[67] Der *managerial mindset* sichert die Selbsterhaltung von Recht und Verfassung. Das ist nicht nichts und nicht zu verachten. Indem er ihren emanzipatorischen und egalitären Wortlaut unangetastet läßt, ihn aber opportunistisch genug auslegt und anwendet, gelingt ihm das Kunststück, die Komplexität des Systems, die Klassenstruktur der Gesellschaft, die Macht des Imperiums zu bewahren, zu steigern und bisweilen auch einen schäbigen Rest der revolutionären Versprechen einzulösen: die *watered down healthcare bill* im Falle Obamas.

Für den *Kantian mindset* ist die Verfassung eine *revolutionäre Errungenschaft*, die eine Gesetzgebung ermöglichen soll, durch welche die größtmögliche gleiche Freiheit einer und eines jeden, die dem Gesetz unterworfen sind, verwirklicht wird. Das aber kann nur durch eine sozial inklusive Öffentlichkeit, die keine Stimme ausschließt oder an ihrer effektiven Artikulation hindert, und strikt egalitäre Verfahren der normerzeugenden Willensbildung aller Gesetzesunterworfenen erreicht werden. Deshalb ist die *Demokratie* aus der normativen Perspektive Dr. Jekylls *alternativlos*, und der ursprungsphilosophische Begriff der Staatssouveränität löst sich in den Kreisprozeß prozeduraler Volkssouveränität auf.[68]

Für den *managerial mindset* Niklas Luhmanns hingegen ist die Verfassung eine *evolutionäre Errungenschaft*.[69] Ihre Funktion wird durch die strukturelle Kopplung von Recht und Politik erfüllt. Dadurch wird jede Rechtsnorm politisch änderbar und jede politische Aktion rechtlicher Regulierung unterworfen. Von ausnahmslos jeder Rechtsnorm gilt, entweder man hat die Macht, sie zu ändern, oder nicht. Umgekehrt ist ausnahmslos jede politische Kommunikation entweder legal oder illegal. Der Begriff der Staatssouveränität löst sich in Legitimation durch Verfahren auf.[70] Der funktional bestimmte Legitimationskreislauf *kann* demokratisch sein, *muß es aber nicht*. Für jedes Funktionsproblem gibt es funktionale Äquivalente, und ein System, auch ein Verfassungssystem, das sie nicht mehr findet, hat aufgehört, kognitiv zu lernen. Aus der technischen Perspektive Mr. Hydes könnte sich die transnationale Unionsbildung als Musterbeispiel eines *funktionalen Äquivalents zur Demokratie* erweisen, das effektiv, aber nicht mehr demokratisch ist. Die wachsende Literatur zum Thema Postdemokratie ist ein erster Indikator.[71]

3. Inklusion

Ist der *Kantian mindset* grenzenlos und gleich nah zu einer und einem jeden: zu Volk, Masse und Hegels Pöbel auf der einen, Funktionseliten und Experten auf der andern Seite, so ist der *managerial mindset* das exklusive Verständigungsmedium der Experten und Berufspolitiker, in dem diese die Grenzen markieren, die ihre Funktionssysteme von der Umwelt, von den »Menschen draußen im Land« ebenso trennen wie von allen andern hochspezialisierten Subsystemen der Gesellschaft.

Die Sprache des *managerial mindset* ist die Sprache der Grenzkontrolle, die diejenigen, die hinter verschlossenen Türen verhandeln, von denjenigen trennt, über die verhandelt wird. Einfache Codes, deren Warnsignal jeder kennt, bezeichnen die Grenze, die das System von der Umwelt abschließt (Haben / Nicht-Haben, Recht / Unrecht, wahr / falsch, schön / häßlich, Macht / Ohnmacht, liebt mich / liebt mich nicht usw.). Komplizierte Programme: Umweltgesetze, Identitätsentwürfe, wissenschaftliche Paradigmen, Computerprogramme, Vertragswerke jeder Art, die nur noch engmaschig vernetzte Spezialisten mit kompliziertem Gerät, Teilchenbeschleunigern, Serien von Fokal- und Paartherapien, Anwaltsbüros und endlosen juristischen Kommentaren verstehen können, öffnen das System genau so weit für die Umwelt, daß es aus deren Wechselfällen lernen kann, in stürmischer See Kurs zu halten.

Demgegenüber bleibt der *Kantian mindset* noch dort, wo er sich so schwer verständlich ausdrückt wie in Kants theoretischen Schriften, auf Übersetzbarkeit in die lebenswelteliche Sprache einer und eines jeden angewiesen. Der kategorische Imperativ in seinen drei oder vier Lesarten entfesselt auf den wenigen Seiten der *Grundlegung zur Metaphysik der Sitten* genug Komplexität, um für zwei Jahrhunderte eine Bibliothek nach der andern mit akademischer Streitkultur zu füllen. Aber den guten Willen, um dessen Reinigung es der *Grundlegung* geht, kennt jeder, und jeder versteht (spätestens seit der Achsenzeit) die goldene Regel, der Kants Imperativ lediglich eine methodisch wasserdichte Form verpaßt hat, an der konservative Kritik und instrumentelle Skepsis sich immer noch die Zähne ausbeißen.

Dasselbe gilt auch für Verfassungs- und Gesetzestexte. Selbst wenn der juristische Sinn von Sätzen wie »Alle Menschen sind vor dem Gesetz gleich« (Art. 3 Abs. 1 GG), »Die Bundesrepublik Deutschland ist ein demokratischer und sozialer Bundesstaat« (Art. 20 Abs. 1 GG), »Alle Staatsgewalt geht vom Volke aus [...] [und] wird vom Volke [...] ausgeübt« (Art. 20 Abs. 2 GG) sich erst aus einer endlosen Serie von Parlamentsgesetzen, Kommentaren, Fachliteratur und Urteilsbegründungen erschließt und durch diese ständig geändert, oft in seinen Gegensinn verkehrt wird, so behalten solche Sätze doch für jede und jeden, spätestens dann, wenn sie mit ihnen zusammenstoßen oder sich auf sie berufen, ihre alltägliche Bedeutung, die es den Gesetzesadressaten auch ohne Kenntnis der Fachliteratur ermöglicht, vollkommen gleichberechtigt und vorranglos über diese Bedeutung zu streiten, sie radikal umzuinterpretieren oder den zugrundeliegenden Text in Ausübung ihrer verfassunggebenden Gewalt zu ändern.

Die Standardantwort der Juristen auf die Frage, welche methodisch kontrollierte Interpretation der Verfassung unmöglich sei, keine, entspricht exakt der These Luhmanns, das Rechtssystem sei gegen normatives Lernen immun, aber für kognitives Lernen offen. Kann der technischen Intelligenz Mr. Hydes am Ende keine Norm im Innern des Systems widerstehen, so verlangt Dr. Jekyll mit Kant deren ständige Kontrolle durch das »Recht des Publikums«, das trotzig am Wortlaut festhält, an den umfassenden Sinn des Wortes Gleichheit erinnert und den normativen Lernprozeß, den die revolutionäre Weichenstellung eröffnet hat, ohne auf die normative Schließung des Rechtssystems Rücksicht zu nehmen, öffentlich *fortsetzt*. Es initiiert Protestbewegungen. Es assoziiert sich in immer wieder neuer Form. Es hantiert mit Worten und Pflastersteinen. Es überrascht das Establishment mit der Parole »Occupy Wall Street«. Es mobilisiert die kommunikative Macht der Straße. Es organisiert Streiks. Es droht mit dem Generalstreik. Es nötigt das Parlament zu Grundsatzdebatten und Richtungsentscheidungen, erzwingt vor Gericht, daß seine Sicht der Dinge ernst genommen wird, politisiert die Polizei und die Kunst, durchbricht die Herrschaft der Manipulations- und Kulturindustrie, erkämpft den Achtstundentag, Partizipationsrechte und Antidiskriminierungsnormen, globalisiert die Menschenrechtskultur, stigmatisiert Apartheids- und Austeritätsregimes.[72]

Wer die demokratische Wahl einer sozialistischen Regierung in einem kapitalistischen Großraum für einen Bruch des Gewaltverbots der UN-Charta hält, mag dafür eine hieb- und stichfeste juristische Begründung im operativ geschlossenen Diskurs des Rechtssystems finden, die auch noch die wahren Interessen der betroffenen Wähler und der erschossenen Soldaten in ihren imperialen Universalismus einbezieht. Aus der Perspektive Wolfgang Friedmanns und des kantischen Publikums aber sind solche Juristen, die *nur* den *managerial mindset* gelten lassen, nichts als »leidige Tröster« – und zwar auch dann noch, wenn sie inhaltlich zum gegenteiligen Ergebnis gelangt wären.[73]

Was aber ist der gesellschaftliche Status des *Kantian mindset*? Für Luhmann, dem – ganz gegen seine sonstige Vorliebe für das Spiel von Paradoxierung und Entparadoxierung – die »gewagt paradoxe These« Kants und Hegels, »das Recht *sei Freiheit*«, immer fremd geblieben ist,[74] ist der *Kantian mindset* der Verfassung nichts als eine Serie von *empty signifiers*: »Machbarkeitsillusionen«, »feierliche Erklärungen« und »Gesänge«.[75]

Da hat er nicht ganz unrecht, er bedenkt aber nicht, daß es keineswegs der Gesang, sondern in der Regel die rächende Gewalt von Krieg und Revolution ist, die das Zeitfenster für den *konstituierenden* Gebrauch der kommunikativen Macht des Gesangs und der feierlichen Erklärungen öffnet. So war es auch im Fall Europas die gewaltsame Befreiung vom Faschismus, die dem *pouvoir constituant* eines jeden Gründungsmitglieds der späteren Union souffliert hatte, die Vereinigung des Kontinents zum Verfassungsziel des jeweiligen Landes zur erklären.

Von bloßem Gesang unterscheiden sich die *empty signifiers* der Verfassungstexte, Rechteerklärungen und demokratischen Organisationsnormen aber schon dadurch, daß sie »Recht« und nicht »Philanthropie« sind.[76] Als hochabstraktes Verfassungsrecht sind sie zwar weitgehend unbestimmt und lassen unbegrenzt viele, einander oft diametral widersprechende Interpretationen und normative Konkretisierungen zu.[77] Aber die mit der Universalität des Rechts wachsende Unbestimmtheit der Rechtstexte *verdeckt* nicht nur die Funktion der Verfassung, die politische Änderbarkeit ausnahmslos allen Rechts auch dann noch rechtlich erwartbar zu machen, wenn sie ganz offensichtlich verallgemeinerbaren Interessen widerspricht und aus verfassungskonform erzeugtem Recht *Ideologie*, *Fassadendemokratie*, *Kitsch und Klischee* wird. Die Universalität *desselben Rechts* macht es auch zum Medium von jedem Mann und jeder Frau, indem es dem unspezialisierten Publikum gegenhegemoniale Interpretationen und emanzipatorische Konkretisierungen *ermöglicht*.[78] Mit der »realen Möglichkeit« einer emanzipatorischen Auslegung und Ausgestaltung des Rechts muß auch derjenige rechnen, der dieses Recht seinen Herrschafts- und Ausbeutungsinteressen gefügig machen will.[79] Die Möglichkeit ist real, weil sie Mr. Hyde ein Moment des Widerstands – Hegel spricht von *objektivem Geist* – entgegensetzt, das ihn an der direkten Durchsetzung seiner Herrschaftsinteressen hindert. Das *emanzipatorische* Potential des *Kantian mindset* »can be halted or inhibited. But it cannot be eliminated.«[80]

4. Evolution

Derartige Anpassungsschranken (*constraints*) hat die jüngere, darwinistische Evolutionstheorie auch in der

Biologie entdeckt.[81] In der sozialen Evolution lassen sich neben *strukturellen* Constraints – berühmte Beispiele sind Produktionsverhältnisse, die das adaptive Wachstum der Produktivkräfte fesseln, Gesellschaftsstrukturen wie z. B. Stratifikation (Klassenunterschiede), die der Komplexitätssteigerung von Funktionssystemen Barrieren in den Weg legen – auch *normative* Constraints entdecken, die der beliebigen Steigerung gesellschaftlicher Anpassungskapazität Grenzen setzen und sie kanalisieren.

Die normativen Constraints entsprechen in etwa dem, was Hegel einen *existierenden Begriff* genannt hat.[82] Ein Netzwerk solcher Begriffe (in dem die Knotenpunkte Begriffe, die Verbindungslinien Sätze, Beschreibungen, Normen, Urteile, Bewertungen, Vermutungen, Theoreme, Hypothesen usw. darstellen) könnte man mit Koskenniemi auch *mindset* nennen. Der Vorteil der Hegelschen Terminologie – verglichen mit der Wittgensteinschen, die Koskenniemi bevorzugt – liegt darin, daß sie es erlaubt, auch *gegensätzliche* und einander *widersprechende* Begriffsnetze wie den *Kantian* und den *managerial mindset* in ein umfassenderes Netzwerk zu integrieren. Tut man das, ist leicht zu erkennen, daß ein rationales System von Schlußfolgerungen, argumentativen Verpflichtungen und Vergleichsgesichtspunkten von einem *mindset* zum andern führt, ohne daß deren Gegensätze verschwinden würden.[83] Dann wird zugleich plausibler, warum sich normative Lernprozesse auch *nach* den großen Revolutionen des *Kantian constitutional mindset* in reformistischen Bahnen fortsetzen, wenn sie sich fortsetzen.

Ein berühmtes Beispiel für Constraints, die das Resultat *normativer Lernprozesse* sind, ist die von Émile Durkheim beschriebene »moderne Tendenz des Moralbewußtseins«, die moralische Autorität des monotheistischen Gottes, die den Menschen von außen, in Gestalt übermächtiger Institutionen (Papstkirche und christliches Königtum) entgegentritt, vollständig zu internalisieren. Am Ende tritt die mit subjektiven Rechten ausgestattete »persönliche Autonomie« des Individuums an die Stelle der göttlichen Autorität, um auch noch ihre eigenen Rechte in individuell bestimmter Selbstgesetzgebung (= Autonomie) selbst zu erzeugen.[84] Die Kombination subjektiver Rechte mit persönlicher Autonomie, für Durkheim das Resultat der Französischen Revolution, stellt einen *Sperrklinkeneffekt* dar, der die evolutionäre Anpassung *begrenzt* und ihr mit der (verletzlichen) Grenze eine (änderbare) *Richtung* vorschreibt. Durkheim beschreibt den durch diesen Effekt ermöglichten Lernprozeß, der mit der Revolution keineswegs endet, als moderne Tendenz zur fortschreitenden *Rationalisierung* und *Individualisierung* des moralischen Bewußtseins.[85]

Als existierende Begriffe, die auf normative Sperrklinkeneffekte verweisen, unterscheiden sich insbesondere revolutionäre Dokumente wie die *Dictatus Papae* (1075), die *Zwölf Artikel* (1525), die *Declaration of Independence* (1776), die *Declaration des droits de l'homme et du citoyen* (1789) von bloßen Machbarkeitsillusionen, Feierstunden und Gesängen.[86] Diese Dokumente sind das erste, institutionell geronnene Resultat langer und heftiger Klassenkämpfe, gesellschaftlicher Krisen und

Katastrophen. Die revolutionären Dokumente erklären mit den Propheten: Nicht die Gerechtigkeit soll sich der Anpassung, die Anpassung soll sich der Gerechtigkeit unterwerfen. Als existierender Begriff ist Gerechtigkeit ein Sperrklinkeneffekt der Evolution. Gerechtigkeit ist als »Widerspruch *in* der Realität« »Widerspruch *gegen* diese«.[87] Damit ist die Art und Weise bezeichnet, in der Begriffe existieren. Sie existieren *nur* im beweglichen Medium des »daseienden Widerspruchs«.[88] Was der *daseiende Widerspruch* bestreitet, ist der jeweils behauptete Anspruch des Bestehenden, das Allgemeine zu verkörpern.

Genau in diesem Sinn eines Begriffs, der sich im Widerspruch gegen die unvernünftige Geschichte verwirklicht, hatte schon Kant die Errungenschaften der Französischen Revolution kurz vor der Jahrhundertwende, im Jahr 1798, als »Geschichtszeichen« eines *irreversibel* gewordenen normativen Fortschritts erkannt.[89] Der Zeitindex 1798 ist wichtig, weil Mitte der neunziger Jahre des 18. Jahrhunderts, als mit dem König das Königtum enthauptet worden war, selbst für die eingefleischten Gegner der Revolution feststand, daß die Revolution die Idee republikanischer Selbstgesetzgebung zum existierenden Begriff – Kant nennt ihn Geschichtszeichen – gemacht hatte, der »sich«, allen Niederlagen und Rückfällen in »Elend und Gräueltaten« zum Trotz, nicht mehr »vergißt«.[90] Weil er im gesellschaftlichen Gedächtnis *existiert* und nicht mehr gelöscht werden kann, kann der Begriff republikanischer Selbstgesetzgebung jederzeit und überall zum daseienden Widerspruch gegen das Bestehende werden, das mit seinem eigenen Begriff nirgends übereinstimmt. Die *Existenz* des Begriffs erkennt man daran, daß er im Fall solcher Nichtübereinstimmung »zurückschlagen« kann.[91]

Wenige Jahre später beschreibt Hegel dieselbe Revolution von 1789-1814 ebenfalls als normativen Fortschritt, diesmal aber in einer Terminologie, die fast schon die moderne Evolutionstheorie vorwegnimmt. Die Revolution »unterbricht« das »allmähliche Zerbröckeln, das die Physiognomie des Ganzen nicht veränderte«, »durch den Aufgang [...], der, ein Blitz, in einem Male das Gebilde der neuen Welt hinstellt«.[92] Entspricht das »allmähliche Zerbröckeln«, das die »Physiognomie« »nicht verändert«, dem *graduellen Wandel* durch selektive Anpassung, so der unangepaßte »Aufgang«, der »in einem Male das Gebilde einer neuen Welt hinstellt«, den *punctuational bursts* und *punctuated equilibria* der Evolutionstheorie.

Aber der damit in die Wirklichkeit getretene »Begriff des Ganzen« ist noch nicht »das Ganze selbst«.[93] Die normativen Constraints, die die revolutionäre Verfassung hervorgebracht und unvergeßlich gemacht hat, begrenzen die Anpassungsmöglichkeiten und verändern den Richtungssinn der Evolution in einer Weise, die auf die gleiche Freiheit aller programmiert ist.[94] Dieses Programm läßt sich aber, anders als in Hegels teleologischer Geschichtsphilosophie, nicht unabhängig vom fortlaufenden Selektionsdruck funktionaler Imperative und hegemonialer Klasseninteressen realisieren. Der entwicklungslogisch auf Universalität, Inklusion, Egalität, Emanzipation und Individualisierung gerichtete normative Fortschritt läßt sich immer nur retrospektiv rekonstruieren. Die Anatomie des Menschen ist der Schlüssel zur Anatomie des Affen, aber aus dem Knochengerüst des Affen und aller seiner Vorfahren läßt sich keine zukünftige Organgestalt herauslesen, noch nicht mal deren Möglichkeit.[95] Kurz, der Richtungssinn des normativen Fortschritts ist selbst nur das ebenso kontingente wie unwahrscheinliche Resultat der Evolution, das ihr nicht entkommt, sondern von fortlaufenden und gegenläufigen, normativen und kognitiven Lernprozessen so lange angetrieben und zerrieben wird, bis die Geschichte eine andere Richtung einschlägt: »Die Menschen machen ihre eigene Geschichte, aber sie machen sie [...] unter unmittelbar vorgefundenen, gegebenen und überlieferten Umständen.«[96] Nicht nur Hegels allzu triumphalistische Erwartung, »daß die Vernunft die Welt beherrsche«,[97] auch noch Kants weniger überschwengliche Hoffnung, daß sich der moralische Fortschritt nicht vergißt, bleibt von solchen Umständen abhängig. Aus der philosophischen Konstruktion der Vernunft wird dann aber eine empirisch rekonstruierbare These: Würde die Idee republikanischer Selbstbestimmung im Management der alltäglichen politischen und juristischen Praxis tatsächlich eines Tages unwirksam, vergessen, verdrängt und gelöscht (was keineswegs ausgeschlossen werden kann), dann würde diese Praxis in eine ausweglose Legitimationskrise geraten und in sich zusammenbrechen.[98]

Marx hat die abgründige Dialektik von Revolution und Evolution in einer kurzen Passage des *18. Brumaire des Louis Bonaparte* scharf umrissen. Die großen Rechtsrevolutionen wie die Französische

»stürmen rasch von Erfolg zu Erfolg, ihre dramatischen Effekte überbieten sich, Menschen und Dinge scheinen in Feuerbrillanten gefaßt, die Ekstase ist der Geist jedes Tages; aber sie sind kurzlebig, bald haben sie ihren Höhepunkt erreicht, und ein langer Katzenjammer erfaßt die Gesellschaft, ehe sie die Resultate ihrer Drang- und Sturmperiode nüchtern sich aneignen lernt.«[99]

Die Revolution erschöpft sich jedoch keineswegs in »Ekstasen«, »dramatischen Effekten« und »historischen Kostümen«, sondern vollbringt in ihnen den *punctuational burst:*

»die Entfesselung und Herstellung der modernen *bürgerlichen* Gesellschaft. Die einen [Danton, Robespierre, Saint-Just] schlugen den feudalen Boden in Stücke und mähten die feudalen Köpfe ab, die darauf gewachsen waren. Der andere [Napoleon] schuf im Innern von Frankreich die Bedingungen, worunter erst die freie Konkurrenz entwickelt, das parzellierte Grundeigentum ausgebeutet, die entfesselte industrielle Produktivkraft der Nation verwandt werden konnte, und jenseits der französischen Grenzen fegte er überall die feudalen Gestaltungen weg, soweit es nötig war, um der bürgerlichen Gesellschaft in Frankreich eine entsprechende, zeitgemäße Umgebung auf dem europäischen Kontinent zu verschaffen.«[100]

Doch die Evolution bleibt die Herrin der Revolution. Sie läßt sich unterbrechen. Sie läßt das Erscheinen eines schlecht angepaßten und widerständigen neuen Gebildes zu. Sie läßt sich vom moralischen Fortschritt die Richtung diktieren. Aber sie läßt sich in ihrem normativ desensibilisierten Selektionsprozeß nicht aufhalten. Das nüchterne Erbe des heroischen Zeitalters der großen

Kriege und Revolutionen wird von den »Dolmetschern und Sprachführern« des *managerial mindset* technisch verwaltet und herrschaftskonform investiert – im Frankreich Guizots und Constants nicht anders als 150 Jahre später in der Europäischen Union mit der Methode Jean Monnets.[101]

> »Die neue Gesellschaftsformation einmal hergestellt, verschwanden die vorsündflutlichen Kolosse und mit ihnen das wieder auferstandene Römertum [...]. Die bürgerliche Gesellschaft in ihrer nüchternen Wirklichkeit hatte sich ihre wahren Dolmetscher und Sprachführer erzeugt in den Says, Cousins, Royer-Collards, Benjamin Constants und Guizots, ihre wirklichen Heerführer saßen hinter dem Kontortisch, und der Speckkopf Ludwigs XVIII. war ihr politisches Haupt. Ganz absorbiert in die Produktion des Reichtums und in den friedlichen Kampf der Konkurrenz begriff sie nicht mehr, daß die Gespenster der Römerzeit ihre Wiege gehütet hatten.«[102]

Liest man historische Passagen wie die eben zitierten von Kant, Hegel und Marx im Licht der (post)darwinistischen Evolutionstheorie Goulds, Lewontins und Eldredges und ergänzt man die biologische Perspektive um die der gleichzeitig entstandenen Theorien der sozialen und moralischen Evolution (von Kant über Durkheim bis Piaget), dann drängen sich zwei wichtige Unterscheidungen auf: Erstens die Unterscheidung zwischen *gradual change* und *rapid change* (oder *punctuational bursts*). Diese Unterscheidung ist in der Biologie, wenn man das von außen überhaupt beurteilen kann, relativ neu und heftig umstritten, jedoch, wie schon das Hegel-Zitat und vor allem das Marx-Zitat zeigt, in den

Theorien der sozialen Evolution (Marx, Durkheim, Parsons, Luhmann), der Wissenschaftsevolution (Kuhn) und der Rechtsrevolution (Berman) längst fest etabliert und wenig strittig; zweitens die Unterscheidung zwischen *Anpassungsverbesserung* durch natürliche und soziale Selektion und *Anpassungsbegrenzung* durch natürliche (z.B. Baupläne tierischer Organismen) oder normative Constraints (z.B. Verfassungsrecht). Während *Anpassungsverbesserungen* nur durch *gradual change* erklärt werden können, entstehen *Anpassungsbeschränkungen* nicht nur durch graduellen, sondern auch (und in der sozialen Welt, zumindest in modernen Zeiten) durch revolutionären Wandel (oder, wie in der Tierwelt, durch große Katastrophen). Auch wenn Revolutionen, wie alles in der Evolution, angepaßt sein müssen, so kann es in ihrem Verlauf, schon weil dafür die Zeit fehlt, zu keinen Anpassungsverbesserungen kommen. Statt dessen experimentieren die Revolutionen mit »immer gewagteren Unangepaßtheiten«.[103] Der »Feudalismus« stirbt nicht deshalb aus, weil er schlechter angepaßt ist als die »bürgerliche Gesellschaft« zur Zeit der Revolution. Der »Feudalismus« stirbt und die »bürgerliche Gesellschaft« triumphiert vielmehr deshalb, weil der »Feudalismus« normativ diskreditiert ist, während der Legitimationsvorsprung der »bürgerlichen Gesellschaft« in die Höhe schnellt. Sie hat den moralischen »Enthusiasmus« des »Publikums« auf ihrer Seite und wird deshalb zum »Geschichtszeichen«, das sich nicht mehr vergißt (Kant).

5. Widerspruch

Anpassungsbegrenzung und Anpassungsverbesserung, revolutionärer und gradueller Wandel, der *Kantian mindset* der Verfassungsrevolution und der *managerial mindset* des evolutionären Katzenjammers der Fachidioten: der Juristen, Technokraten, Berufspolitiker, Abgeordneten, Kommissionsmitglieder, Lobbyisten und aller andern *stakeholders*, sind, sosehr sie sich auch widersprechen und sich gegenseitig zu vernichten suchen, *aufeinander angewiesen*. Gesellschaften sind sozial integrierte Gruppen, die ohne systemische Stabilisierung nicht überleben können.[104] Gesellschaft ist der daseiende Widerspruch von System und Lebenswelt.[105] Dr. Jekylls *Kantian mindset* kann im unkontrollierbaren Fluß ununterbrochen fortlaufender Evolution nur durch den Teufelspakt mit Mr. Hyde überleben. Demokratie muß *angepaßt* sein, läßt sich aber nur um den Preis der Demokratie auf Anpassung reduzieren.

Kantian und *managerial mindset* sind aber nicht nur äußerlich aufeinander angewiesen, sie hängen auch innerlich zusammen. Verschärft sich im *Kantian mindset* der daseiende Widerspruch zur revolutionären Negation der Verfassung einer ganzen Gesellschaftsformation, so entsteht der mephistophelische Geist, der stets verneint, doch schon im alltäglichen Vollzug jeder Kommunikation. Der große Widerspruch der Rechts- und Verfassungsrevolution, der sich als irreversibler moralischer Fortschritt ins kollektive Gedächtnis einnistet, wäre gar nicht möglich ohne den endlosen Strom winziger Abweichungen, minimaler Differenzierungen, geringfügiger Illegalität, unversehens artikulierter Einwände, vergessener Vorschriften, launiger Gegenanträge, verschwundener Akten, trotziger Weigerungen, hinterhältiger Schikanen, irritierender Nachfragen, experimenteller Zufallsresultate, kaum merklicher Verhaltensänderungen, mieser Lügen, schlecht begründeter Gegenthesen, hypothetischer Überlegungen, kleiner Gaunereien, alltäglicher Mißverständnisse, kurz: ohne das ganze Spektrum »Kommunikationsinhalte ablehnender Kommunikation« jeder Art, die unaufhörlich überall auf der Welt Widerspruch zur jeweiligen »Annahmeerwartung«, also »Widerspruch« »nicht im logischen, aber im ursprünglicheren dialogischen Sinn« erzeugt.[106] Abweichungen *jeder* Art, auch und gerade die kriminellen, füllen, wie schon Durkheim erkannt hat, den *Variationspool*, der schließlich zum *take off* der sozialen Evolution führt.[107] Jede Revolution ist ein Kapitalverbrechen. Für uns ist Mr. Hyde ein übler Gangster (und wird es hoffentlich auch bleiben), aber das waren Figuren wie Sokrates und Jesus, die für schwere Verbrechen, die sie tatsächlich begangen haben, ordnungsgemäß verurteilt und hingerichtet worden sind, für ihre Zeitgenossen auch.

Im spezialisierten Vollzug des *managerial mindset* wird der alltägliche Widerspruch systematisch erzeugt und Variationsbeschleunigung als wissenschaftlicher Fallibilismus, rechtliche Klage und politische Opposition, als permanente legale Revolution und demokratischer Experimentalismus, als Kunstkritik und Therapie unterhalb der Revolutionsschwelle gehalten und auf Dauer gestellt. In Thomas S. Kuhns Theorie der Wissenschaftsevolution ist letzteres, die permanente Variationsbeschleunigung unterhalb der Revolutionsschwelle, die Funktion von *normal science*. Permanente Verfassungsänderung ohne Revolution ist die Funktion der Gewaltengliederung.

Das Rollenspiel zwischen Mr. Hyde und Dr. Jekyll trennt aber nicht nur den Revolutionär vom Berufspolitiker, es wiederholt sich auch auf der ganzen Breite des *managerial mindset* und des öffentlichen Lebens. Dr. Jekylls *Kantian mindset* ist nicht nur Sand im funktionalen Getriebe. Dr. Jekyll, der stets das Gute will, es aber nicht immer schafft, tauscht nicht nur permanent die Rollen mit Mr. Hyde, der stets das Böse will, bisweilen aber auch das Gute schafft. Dr. Jekyll tritt Mr. Hyde auch in dessen Praxis, im graduellen und inkrementellen Vollzug evolutionärer Anpassung als reformistische Alternative *entgegen*.[108] Obwohl Dr. Jekyll und Mr. Hyde in Welten leben, die verschiedener nicht sein könnten, müssen sie doch *dasselbe* bejahen oder verneinen, dieselbe Norm einhalten oder verletzen und sich *derselben negativen Operationen* bedienen, die es auch dem Kinozuschauer oder dem Leser der Novelle erlauben, beide als dieselbe Person zu identifizieren. Beide Weltperspektiven sind zwar im Streit *realer Personen* entzweit, aber der Streit kann sich im fortlaufenden Prozeß der Evolution nur deshalb fortsetzen, weil die beiden Sprachspiele des *Kantian* und des *managerial mindset* durch *kommunikative, reziprok bindende, inferentielle Beziehungen* aufeinander bezogen sind. Vom einen zum andern führt nicht nur ein grundloser Entschluß, sondern ein Entschluß, der *als* Schluß den Perspektivenwechsel rational begründet (oder als Fehlschluß an der Aufgabe rationaler

Begründung scheitert).[109] Eine Verwirklichung des *Kantian mindset* der emanzipatorischen Verfassungsnormen wäre ohne die Beschleunigung kommunikativer Variation durch die Negationsleistungen Dr. Jekylls *und* Mr. Hydes, der dessen Pläne immer wieder durchkreuzt und der auf *change* programmierten Erwartung sein trotzig realistisches »No, we cannot« entgegensetzt, unmöglich. Am Ende kommt dann das traurige Gebilde einer verwässerten Gesundheitsreform heraus. Aber solange das Gesetz besteht, bleiben egalitäre und sozial inklusive Upgrades möglich.

III. Verfassungsevolution

Im Folgenden werde ich den so zum existierenden Begriff erweiterten *Kantian mindset* Koskenniemis mit dem *managerial mindset* seines finnischen Kollegen Kaarlo Tuori verbinden, der ein plausibles funktionalistisches Schema der Verfassungsevolution der Europäischen Union vorgelegt hat.[110] Danach beginnt die Verfassungsentwicklung in den fünfziger Jahren mit der *Wirtschaftsverfassung* der Union (1). In den Sechzigern kommt es, infolge der Aktivitäten des Europäischen Gerichtshofs *und* der nationalen Gerichte zur Evolution einer autonomen europäischen *Rechtsstaats- und Bürgerrechtsverfassung* (2), und seit den späten siebziger Jahren entwickelt sich, infolge der Direktwahlen und der wachsenden Macht des Parlaments, die *politische Verfassung* Europas (3). Die Anfänge der *Sozial- und Sicherheitsverfassung* (4) sind, was die Sozialstaatlichkeit angeht, nur ein Tropfen auf den heißen Stein der hegemonialen Wirtschaftsverfassung der Union, und die biopolitische Sicherheitsverfassung erweist ein weiteres Mal die kosmopolitische Propaganda der Kommission und ihrer professoralen Schönredner als Verfassungskitsch, obwohl es auch hier Ambivalenzen und Gegenbewegungen, vor allem auf langen Klagewegen gibt, die einen davon abhalten, gleich alle Hoffnung fahrenzulassen.

1. Wirtschaftsverfassung

Die Idee der Wirtschaftsverfassung kam von links, wurde aber von der Rechten gekidnappt.[111] Am Ende des Ersten Weltkriegs war sie von dem Frankfurter Arbeitsrechtler Hugo Sinzheimer in Umlauf gebracht und, auch durch dessen Mitwirkung in den Ausschüssen der verfassunggebenden Versammlung, in der ersten demokratischen Verfassung Deutschlands von 1919 zumindest teilweise verwirklicht worden.[112]

Die Wirtschaftsverfassung sollte vor allem dem sozialistischen Zweck dienen, die parlamentarisch erkämpften Rechte der Arbeiter zu stärken und die Stellung der Gewerkschaften im Betrieb zu verbessern. Sie war als Teil des demokratischen Projekts konzipiert, die sozial desaströsen Effekte freier Geld-, Arbeits- und Immobilienmärkte demokratisch zu kontrollieren.[113] Der private Arbeitsvertrag sollte durch einen gesetzlichen Arbeitsnormvertrag ersetzt werden.[114] Ziel war es, die Demokratie in die ökonomische Sphäre der Gesellschaft hineinzutreiben. Die politische sollte auf diese Weise zur menschlichen Emanzipation erweitert werden. Dabei gingen Sinzheimer und sein Schüler Franz Neumann, der den Gedanken aufnahm und weiterentwickelte, aber immer vom *Primat der politischen Verfassung* und des *parlamentarischen Gesetzgebers* aus.[115]

Der Ordoliberalismus hat seit den späten zwanziger Jahren dieses Programm der Linken buchstäblich entwendet und in sein Gegenteil verkehrt. Franz Böhm hat 1933 die Wirtschaftsverfassung der marktwirtschaftlichen Wettbewerbsideologie integriert, sie von der politischen Verfassung abgelöst und technisch neutralisiert.[116] Die verfassungsorganisationsrechtliche Leistung der ordoliberal gewendeten Wirtschaftsverfassung besteht darin, »das Verhältnis von Staat und Wirtschaft nach dem *Prinzip der funktionalen Differenzierung*« zu lösen »und *als Rechtsfrage*« zu formulieren.[117] Damit sollte, in der klaren Diktion des ordoliberalen Meisterdenkers Friedrich Hayek, verhindert werden, daß demokratische »Mehrheiten« ihre verfassungsmäßigen Kompetenzen »mißbrauchen«, um sich in die unterschiedslos gleiche Eigentumsfreiheit von Bettlern und Banken, kleinen Sparern und global operierenden Konzernen »einzumischen«.[118] Hayek hat deshalb Carl Schmitts Vorschlag, die verfassungsrechtliche Legalität von Parlamentsbeschlüssen auf strikt allgemeine Gesetze zu beschränken, was legislativ organisierte, staatliche Wirtschaftsplanung und die Vergesellschaftung von Produktionsmitteln verfassungsrechtlich blockieren würde, emphatisch begrüßt.[119] Außerdem hat er Ende der dreißiger Jahre in London den zeitgemäßen Vorschlag gemacht, das Wahlrecht eines jeden Wahlberechtigten auf einen einzigen Wahlgang im Alter von 45 Jahren zu beschränken und das passive Wahlrecht für Gewerkschaftsfunktionäre zu stornieren.[120]

Die deutsch-österreichischen Ordoliberalen waren entschiedene Gegner der Nationalsozialisten. Sie haben diese jedoch nicht von links, sondern von rechts kritisiert. Nur Alfred Müller-Armack war eine Ausnahme. Er war rechts und ein Nazi und ist erst nach dem Krieg katholisch, fromm und ein Gegner der Nazis geworden. Franz Böhm entstammte dem jungkonservativen Milieu der zwanziger Jahre. Er war in den dreißiger Jahren, als dies zunehmend gefährlich wurde, der entschiedenste Antinazi des Kreises, verteidigte die Juden schon vor 1933 aktiv gegen Angriffe, war Mitglied der konservativen Widerstandsbewegung und hatte enge Kontakte zu Bonhoeffer und Goerdeler. Walter Eucken war ein konservativer Kritiker der Nazis, der dem ersten Freiburger Rektorat unter Martin Heidegger scharf opponierte. Alexander Rüstow mußte als Mitglied im rechtsradikalen Schattenkabinett Kurt von Schleicher 1933 emigrieren, nachdem der tölpelhafte Putsch des Generals von Schleicher gegen Hitler gescheitert war. Wilhelm Röpke war seit den frühen zwanziger Jahren Mitglied des Tat-Kreises, der mit der Idee einer konservativen Revolution spielte. Er gehörte schon vor 1933 zur winzigen konservativen Opposition gegen Hitler und ging wenige Monate nach der Machtübernahme der Nationalsozialisten ins Exil in die Türkei. Hayek war bereits 1931 einem Ruf an die London School of Economics gefolgt und der erbittertste Gegner seines dortigen Kollegen John Maynard Keynes. Als Rechtstheoretiker stand er ganz auf dem Boden von Carl Schmitts Verfassungslehre. 1962 wurde er Nachfolger Euckens auf dem Freiburger Lehrstuhl.

Nach dem Krieg und dem Scheitern der politischen und militärischen Einigung Europas konnte die ordoliberale Minderheit sich zusammen mit Adenauers Wirtschaftsminister Erhard gegen die CDU-Mehrheit, die für einen europäischen Bundessstaat eintrat, durchsetzen. Die Ordoliberalen haben, nach anfänglichem Zögern, Hayeks 1939 entwickelte Idee eines zwischenstaatlichen Föderalismus weiterentwickelt und den alles entscheidenden

Schritt getan, die Idee einer Wirtschaftsverfassung nicht nur vom Parlament, sondern auch vom Nationalstaat abzulösen und für die geplante Wirtschaftsgemeinschaft Europas fit zu machen.

In den Verhandlungen zur Gründung der EWG 1957 hat die ordoliberal eingestimmte deutsche Delegation unter Führung Müller-Armacks eine wettbewerbsorientierte und planungsfeindliche *Wirtschaftsverfassung* gegen den heftigen Widerstand Frankreichs als Leitverfassung der neuen Gemeinschaft durchgesetzt. Dabei wurde sie von der US-Regierung informell, aber wirksam unterstützt. Die französische Seite hatte eine hochintegrierte europäische Arbeitsverfassung als Voraussetzung der Marktintegration – so wie später eine europäische Wirtschaftsregierung als Voraussetzung des Euro – verlangt, was von deutscher Seite aus wirtschaftsliberalen Gründen strikt abgelehnt wurde.[121]

Der mühsam ausgehandelte Kompromiß ließ von der Arbeitsverfassung nur die Fassade übrig, ähnlich wie in den *vier Freiheiten* der Römischen Verträge (der Freiheit des Kapitals, der Ware, der Dienstleistung und der Person, auf dem gemeinsamen Markt von Stand zu Stand zu schlendern oder ihre Haut zu verkaufen) nur noch die Zahl Vier an den emanzipatorischen Gehalt von Roosevelts *four freedoms* erinnerte, die einst im Namen umfassend egalitärer Selbstbestimmung gegen die faschistische Weltherrschaft gerichtet und noch von Churchill in seiner Züricher Rede zitiert worden waren.[122] Die kantianische Abwehr wird überrumpelt, und es steht 1:0 für Mr. Hyde.

Die ordoliberale Wirtschaftsverfassung hatte sich gegen die politisch-ökonomischen Planungsvorstellungen Jean Monnets durchgesetzt. Monnet war viel stärker an staatlicher Wirtschaftsplanung orientiert als der Ordoliberalismus. Die technokratische Methode Jean Monnets blieb jedoch das leitende, jetzt allerdings auf die rechtliche Institutionalisierung der Marktfreiheit umgepolte Modell. Die Römischen Verträge wurden vom früheren Nazi-Juristen Hans Peter Ipsen, der 1937 über justizfreie Hoheitsakte habilitiert hatte und 1943/44 Sachbearbeiter im Reichsjustizministerium gewesen war, einflußreich kommentiert.[123] Ipsen definierte die neue Union als unpolitischen Zweckverband funktioneller Integration. Die technisch neutralisierte Wirtschaftsverfassung sollte die politische Verfassung auf den Nationalstaat beschränken und den Weg zu einem *europäischen* Sozialstaat wirksam blockieren.[124]

Das Wettbewerbsrecht wird zur »axis of the economic order«.[125] Aus Volkswirtschaft wird Betriebswirtschaft, aus Nationen werden Firmen.[126] Die »konkrete Ordnung« (Carl Schmitt) von *law and economics* übertrumpft die formale Verfassung von *law and democracy* und wird Europas »hidden curriculum«.[127] Kein Wunder, daß die Europäisierung von Großunternehmen und Arbeitgeberorganisationen rasant beschleunigt wurde, während die Gewerkschaften und andere Arbeitnehmerorganisationen bis heute den Sprung nach Europa nicht geschafft haben.[128]

In den Römischen Verträgen wurde die freie Marktwirtschaft (Art. 2 EEC) zur »Grundentscheidung« (Carl Schmitt) der europäischen Verfassungsgeschichte.[129] Die kantische politische Verfassung sollte im Nationalstaat bleiben und der technisch neutralisierten Wirtschaftsverfassung der Union unterworfen werden.[130] Dadurch konnten die Märkte gleichzeitig transnationalisiert und gegen demokratische Korrekturen immunisiert werden.[131] Der von der neuen Wirtschaftsverfassung Europas ausgehende Liberalisierungsdruck war jedoch noch viel zu schwach, um den *sozialen Integrationskompromiß*, der die nationalen Sozialstaatsverfassungen schonen und die transnationalen Gerechtigkeitsverluste national ausgleichen sollte, ernsthaft zu gefährden. Dazu waren die Wachstumsraten noch zu hoch, die europäische Normdichte noch zu gering, das Spektrum europäischer Kompetenzen noch zu schmal.[132] Dr. Jekyll, im demokratischen Klassenkampf des spät aufblühenden Nationalstaats fest verankert, schießt das 1:1.[133]

Die Ablösung der transnationalen Wirtschaftsverfassung von den politischen und sozialen Staatsverfassungen aber bewirkt mit rasch wachsender Normdichte, daß das Kompetenzspektrum der Wirtschaftsverfassung langsam breiter wird. Mr. Hyde beginnt den Gegenangriff, erhöht mit Rückendeckung des Europäischen Gerichtshofs (s. u.) nach und nach den Druck auf die nationalen Verfassungsregimes, die das aber so lange problemlos kompensieren können, wie die Wachstumsraten hoch sind.

Die ordoliberale Idee einer transnationalen Wirtschaftsverfassung kombiniert drei Ideen, deren dritte Idee das *missing link* zum politischen Programm des Neoliberalismus darstellt.[134] Die deutsch-österreichischen Ordoliberalen der Freiburger Schule heben immer ihre Differenzen zum amerikanischen Neoliberalismus hervor, aber in Wirklichkeit sind die Unterschiede gering, und entsprechend gut sind die Beziehungen beider Schulen zueinander.

Die *erste* Idee des Ordoliberalismus besteht darin, die wichtigsten wirtschaftlichen Entscheidungen den freien Märkten und dem Privatkapital zu überlassen. Es gilt, nicht nur der Gesellschaft die Informationskapazität der Märkte zu erhalten, sondern auch und vor allem das Gespenst des Kommunismus zu bannen, das in jeder makroökonomischen Staatsintervention umgeht. Schon Ernst Forsthoff hatte in seiner Kontroverse mit Abendroth (s. o.) in den fünfziger Jahren der Marktwirtschaft eine Art Ewigkeitsgarantie nach Art. 79 Abs. 3 GG angedichtet.[135] Noch heute bezichtigen deutsche Ordoliberale wie Bundesbankpräsident Jens Weidmann oder der ehemalige Verfassungsrichter Udo Di Fabio sogar den Chef der Europäischen Zentralbank (EZB), Mario Draghi, der in der kommunistischen Kaderschmiede Goldman Sachs sein Handwerk gelernt hat, der Verbrechen »schleichender Sozialisierung« und »planwirtschaftlicher Zentralität«.[136]

Die *zweite* ordoliberale Idee ist antimonopolistisch. Kapitalistische Monopolbildung ist in den Augen der Ordoliberalen nicht besser als staatliche, weil in beiden Fällen die Freiheit des individuellen Wirtschaftssubjekts bürokratischer Herrschaft geopfert werde. Damit verbunden ist die Idee der Markgerechtigkeit. Wettbewerbsrecht soll die gleichen Chancen *aller* Marktteilnehmer *dauerhaft* gewährleisten.[137] Das ist reine Ideologie, wie schon Kelsen in seiner vernichtenden Kritik an Hayek gezeigt hat.[138] Die Kompensation dieses strukturellen Gerechtigkeitsdefizits der europäischen Wirtschaftsverfassung durch eine vergleichbar hochintegrierte europäische Arbeitsverfassung wird durch Art. 117 EWG ausdrücklich ausgeschlossen. Dadurch werden (1957 von Frankreich durchgesetzte) Errungenschaften wie Arbeitnehmerfreizügigkeit (Art. 48 EWG) und geschlechtsneutrale Entlohnung (Art. 119 EWG) auf ihre marktkonforme Ausgestaltung reduziert.[139]

Die verfassungsrechtlich entscheidende *dritte* Idee besteht in der Substitution von Politik und Gesetzgebung durch Recht und Gerichte. Der Richter wird zum Hüter des funktionalen Ordnungsrechts. Hier sprechen der ältere, provinzielle Ordoliberalismus und der jüngere, globale Neoliberalismus wieder mit einer Stimme. Sie marschieren getrennt und schlagen vereint: »Die wichtigsten Aufgaben obliegen nicht der Legislative oder der Regierung, sondern der Rechtsprechung.«[140] Hatte die Systemtheorie das Recht noch als *Immunsystem der Gesellschaft* bestimmt, das die Gesellschaft insgesamt vor normativ destabilisierenden Umwelteinflüssen schützen sollte, so wollen Ordo- und Neoliberale das Recht in ein *Immunsystem der Marktwirtschaft* verwandeln, das den Rest des Gesellschaftskörpers und deren Gesetzgebungsorgan – wie bei einer Autoimmunerkrankung – zum inneren Feind des kapitalistischen Gemeinwesens erklärt.[141] Die Enthauptung des Gesetzgebers soll die Epoche Kants und der Französischen Revolution beenden, war es doch »die gesetzgebende Gewalt«, die »die Französische Revolution« »gemacht« hat.[142] Kopfball, und es steht 2:1 für Mr. Hyde.

Spätestens in dem Augenblick, in dem das Recht zum

Immunsystem der Marktwirtschaft mutiert, verliert es seine freiheitssichernde Bedeutung. Aus der Verfassung der Freiheit wird der Weg zur Knechtschaft. Genau an dieser Stelle treffen sich Luhmanns Befürchtungen eines Freiheitsverlusts durch *Entdifferenzierung* mit denen von Habermas, der einen Freiheitsverlust durch die kapitalistische *Kolonialisierung der Lebenswelt* erwartet.

Die Wirtschaftsverfassung ist bis heute die hegemoniale Verfassung Europas geblieben. Sie ist seit Ausbruch der großen Krise 2008 mehr denn je die Verfassung des deutschen Großraums, die im Zentrum einen Aktiensturm entfacht, riesige Exportüberschüsse erwirtschaftet, die Inflationsrate neurotisch flach hält und die Peripherie auf unabsehbare Zeit in die Flaute einer Deflation treibt.[143] Die Wirtschaftsverfassung Europas hat aber nicht nur hegemoniale Strukturen geschaffen, sondern diese von Anfang an in zahllosen, exekutiv dominierten Sonderregimes in Land- und Atomwirtschaft, in Wettbewerbs- und Währungspolitik verfestigt. Sie hat auf diese Weise den nationalen *und* transnationalen, den formellen *und* informellen Exekutivgewalten an Macht gegeben, was sie zuvor den nationalen Parlamenten an legislativer Souveränität genommen hatte. Lag erst einmal ein mühsam zwischen Exekutivspitzen ausgehandelter Vertragstext, ein Sicherheitsschirm oder auch nur eine unverbindliche Vereinbarung vor, für die das Zeitfenster nur wenige Minuten offenstand, blieb den Parlamentariern kaum noch eine Wahl.[144] Die Transnationalisierung der Politik vollendet die »gubernative Rechtsetzung«.[145]

Ein besonders gutes, von betriebswirtschaftlicher Normierung geplagten Hochschulangehörigen, die sich aus

Kommilitonen in Firmenmitglieder und Konsumenten verwandelt haben, unmittelbar einleuchtendes Beispiel eines solchen Sonderregimes ist der Bologna-Prozeß. Er hat mit dem Paradigma des *soft law*, dem unverbindlichen Protokoll, europäische Rechtsgeschichte geschrieben. Die Kolonialisierung der akademischen Lebenswelt durch das kapitalistische Wirtschaftssystem beginnt mit einem Treffen in Bologna. Wie zum Hohn also an dem Ort, an dem vor knapp tausend Jahren die Geschichte der *autonomen* europäischen Universität begann. Eine Private-Public-Partnership mit vielen Wissenschaftsministern, Staatssekretären und einem Vertreter der Zivilgesellschaft, dem Abgesandten des Bertelsmann-Konzerns. Man einigt sich, weit über den EU-Raum hinaus, auf das Programm einer betriebswirtschaftlichen Durchrationalisierung der europäischen Universitäten. Am Ende steht ein rechtlich unverbindliches Protokoll, das es aber wie das altrömische *senatus consultum*, der Ratschlag des Senats, in sich hat. Ein Angebot, das man nicht ablehnen kann. Und so steht es dann in der Vorlage zum Schleswig-Holsteinischen Hochschulgesetz von 2005: »Der Bolognaprozess mit seinen 45 Mitgliedstaaten setzt Standards, die auf der Ebene des jeweiligen Landes umgesetzt werden *müssen.*«[146] Und sie werden umgesetzt. An der Sorbonne genauso wie in Flensburg, in Cambridge genauso wie in Zagreb. *Soft law* mit der Wirkung von *hard law*. Nicht ein Abgeordneter hat gefragt, *was* das Parlament dazu verpflichte, das Protokoll umzusetzen. Parlamentarismus als selbstverschuldete Unmündigkeit.

Das Wachstum informeller Herrschaft durch *soft law* im Verbund exekutiver Sonderregimes zeigt, daß die gegenwärtige Abgrenzung des Ordo- vom Neoliberalismus zwar kaum die Realität spiegelt, wohl aber eine konstruktive politische Funktion haben könnte. Die Abgrenzung zum Neoliberalismus soll den »autoritären Politikmodus«, der in den dreißiger Jahren den Ordoliberalismus bis hin zu Hayek bestimmt hatte und der durch die Vernichtungskriege der Achsenmächte und ihre totale Niederlage in Europa vollständig diskreditiert worden ist, rehabilitieren.[147] Die Botschaft ist klar und hat nur einen Adressaten, die Globalisierungsgewinner. Sie lautet: Es gibt nicht nur funktionale Äquivalente, sondern auch attraktive politische Alternativen zur Demokratie. Der autoritäre Staatenverbund ohne Verfassungsänderung. Diktatur ist machbar, Herr Nachbar.

2. Rechtstaatsverfassung

Aber so einfach läßt sich der *normative Widerstand* des einmal mitkonstitutionalisierten *Kantian mindset* nicht brechen. Die Union erzeugt selbständig Rechtsnormen und verfügt nicht nur über eine begrenzte Legislativgewalt, sondern auch über ein unabhängiges Gericht. Schon Kelsen hatte vermutet, daß den Gerichten in der Evolution der globalen Rechtsordnung eine ebenso zentrale Führungsrolle zuwachsen würde wie einst bei der evolutionären Ausdifferenzierung der Staatsfunktionen, die mit der Evolution des Gerichtssystems ihren Anfang nahm.[148]

Für die Demokratie ist das eine schlechte Nachricht, wird damit doch nur die technische Neutralisierung des demokratischen Gesetzgebers zementiert. Im internationalen Kontext ist jedoch die Konstitutionalisierung des Völkerrechts durch eine teleologisch evolutive, dynamische Auslegung von expliziten oder impliziten Rechten und Menschenrechten eine (schwache) antizipatorische Kompensation der fehlenden demokratischen Legislativgewalt. Das teleologisch aktivistische Gericht hält, wenn es gutgeht, den Platz für die noch nicht realisierte Demokratie frei, indem sie den Rechtsschutz stärkt und die Bildung rechtsfreier Räume informeller Herrschaft blokkiert, ihr zumindest Widerstand entgegensetzt.[149] Wenn es schiefgeht, freut sich wie immer die herrschende Klasse über die Stabilisierung ihrer Herrschaft durch die Herrschaft des Rechts. Es dankt geschlossen der VW-Vorstand.

Der Europäische Gerichtshof (EuGH) wurde auf Betreiben der Bundesrepublik und der Benelux-Länder zusammen mit der Montanunion 1951 eingerichtet und hat von Anfang an als politisch aktiver, auf die fortschreitende Vereinigung Europas programmierter Gerichtshof agiert. Ein vergleichbarer politischer Aktivismus ist nicht erst eine jüngere Erfindung inter- und transnationaler Gerichte, sondern auch bei nationalen Höchstgerichten nicht unüblich, wie nicht nur die Geschichte des obersten US-Gerichts seit dem Marshall-Court (1801-1835) zeigt.[150]

Urteile und Doktrinen

Gleich in den ersten Urteilen Mitte der fünfziger Jahre legte das oberste europäische Gericht sich auf eine teleologische Interpretation der Verträge fest, erweiterte die Klagemöglichkeiten von Privaten, vor allem von Unternehmen, den damals einzigen Klägern. Es entwickelte die Doktrin der direkten Anwendbarkeit, die sich insbesondere auf die Zielbestimmungen und allgemeinen Grundsätze europäischen Rechts bezieht. Das Gericht verpflichtete die Hohe Behörde, den Vorgänger der EU-Kommission, sich durchgängig an den fundamentalen Zielen der Montanunion, die in den Artikeln 2-5 des Vertrags von 1951 zunächst nur für die überlebens- und kriegswichtigen Industrien Kohle und Stahl festgelegt worden waren (u. a. wirtschaftliche Expansion, Vollbeschäftigung, Warenverkehrsfreiheit, Diskriminierungsverbot, Interventionsrechte vor allem im Bereich des Wettbewerbsrechts), zu orientieren und sie »im weitestmöglichen Umfange zu verwirklichen und miteinander in Einklang zu bringen«.[151]

Ebenso wichtig war die Lehre des *effet utile*.[152] Das ist die Wirkung der nationalen Umsetzung europarechtlicher Vorschriften, die im häufigen Fall mehrerer Auslegungsmöglichkeiten diejenige selektieren muß, die den für die internationale Organisation, in diesem Fall die Montanunion und ihre Nachfolger bis zur EU, günstigsten Effekt hat. Dieser Grundsatz war im Völkerrecht der fünfziger Jahre noch strittig, wurde aber durch den Spruch des Gerichts bindendes Europarecht und ist 1969 durch die Wiener Vertragsrechtskonvention auch internationalrechtlich kodifiziert worden. Dadurch soll die Möglichkeit vertragsschließender Parteien ausgeschlossen werden, einen Vertrag durch eine für sie günstige und billige Umsetzung zu unterlaufen.

Hinzu trat die wichtige, dem *effet utile* verwandte Doktrin der *implied powers*.[153] Auch diese Doktrin kommt einer teleologischen, auf das Ziel der Vereinigung und Verschiebung von Hoheitsrechten nach Europa gerichteten Interpretation entgegen. Ursprünglich war diese Doktrin vom US-amerikanischen Supreme Court 1819 in der Entscheidung »McCulloch v. Maryland« entwikkelt worden, um die Rechte der Bundesbehörden zu stärken. Sie besagt, daß Organkompetenzen, die durch einen völkerrechtlichen Vertrag, einen Verfassungsvertrag wie in den USA oder nationales Recht auf internationale Organisationen oder Bundesstaaten übertragen worden sind, auch solche ungeschriebenen Kompetenzen einschließen, die nicht ausdrücklich im Vertrag erwähnt sind, von den erwähnten Kompetenzen aber implizit vorausgesetzt oder zu ihrem erfolgreichen Vollzug erforderlich sind. Das europäische Gericht hat diese Doktrin schon 1956 zum festen Bestandteil des europäischen Verfassungsrechts gemacht. Alles, was die »vernünftige und zweckmäßige Weise« der »Anwendung« einer Vorschrift und die »wirksame« Erfüllung der »Aufgaben« der Hohen Behörde der Montanunion behindern könnte, muß aus dem Weg geräumt werden. Ausdrücklich wird der Behörde »im Hinblick auf den Erlaß von Ausführungsmaßnahmen, die für die Erreichung der im Vertrag festgelegten Zwecke erforderlich sind«, schon 1956 »eine gewisse Autonomie« zugesprochen und damit die Perspektive fortschreitend erweiterter Autonomie erschlossen.[154] Im Jahr 1971 hat der Europäische Gerichtshof (EuGH) die *implied powers* des Europarechts dann auf die Außenbeziehungen der Union ausgedehnt und ihr das Recht zugesprochen, selbständig internationale Verträge mit anderen Staaten und internationalen Organisationen abzuschließen.[155]

Mit rasch wachsendem Normbedarf dringt nicht nur das sich öffnende und zunehmend weiter ausstrahlende Kompetenzspektrum der Union immer tiefer in die nationalen Staatsverfassungen ein, es meldet sich auch die bürgerschaftliche, insbesondere unternehmerische Autonomie immer häufiger in Gestalt klagender Privatrechtssubjekte zu Wort. Europäisches Recht wird gegen nationales eingeklagt und der *managerial mindset* der Richter genötigt, sich mit den normativen Constraints Dr. Jekylls herumzuschlagen. Was wir hier beobachten können, ist die Eigenlogik des *Kantian constitutional mindset*. Einmal in Gang gesetzt, treibt sie die normative Rationalisierung in den *managerial mindset* hinein, um sich dort als dessen daseiender Widerspruch festzusetzen.

Daseiender Widerspruch

Um den Streit eines wohlmögenden Klägers, des holländischen Transportunternehmens van Gend & Loos, mit der niederländischen Finanzverwaltung zu entscheiden, sah sich das Gericht 1963 genötigt oder konstruierte doch eine argumentative Nötigung, die bestehende Wirtschaftsgemeinschaft Europas zu einer eigenständigen Rechtsgenossenschaft zu promovieren. Es erfand die Direktwirkung (*direct effect*) europäischen Rechts. Europarecht, zumindest das im Unterschied zu Staatsverfassungen sehr detaillierte Primärrecht (Vertragsrecht mit Hunderten von Paragraphen, Protokollen, Zusatzbestimmungen etc.) sollte einklagbar sein und entgegenstehendes nationales Recht derogieren. Um das zu begründen, mußte das Gericht aber *subjektive Rechte* des Klägers *im* Europarecht konstruieren.

Subjektive Rechte jedoch, und hier kommt der *Kantian mindset* ins Spiel, kann nicht ein einzelner und nur einmal und nur für sich selbst in Anspruch nehmen. Solche Rechte sind in der Regel unverlierbar, unveräußerlich, egalitär und intersubjektiv gültig. Auch hier geht die menschliche der politischen Emanzipation logisch vorher. Der Gerichtshof, der subjektive Rechte einem Kläger zuschreibt, muß sie *allen* Angehörigen der jeweiligen Rechtsgenossenschaft *gleichermaßen* zuschreiben, und das war im Fall »van Gend & Loos« die Rechtsgenossenschaft der Europäischen Union bzw. der damaligen EWG. Rechte, einmal im Recht identifiziert, explizit gemacht, Rechtspersonen zugesprochen und auf Fälle appliziert, setzen die öffentliche Gewalt einer egalitären, sich selbst bestimmenden Rechtsgenossenschaft voraus, die dann auch demokratisch darüber befinden müßte, was die Gleichheit der Rechte jeweils bedeuten soll – ob das den klagenden Unternehmern, ihren Anwälten oder den Richtern oder gar den Herren der Verträge, also den Staatsoberhäuptern, nun gefällt oder nicht.[156]

Rechte sind weder »Werte« noch »Vorrechte« oder gar »Ausnahmen« und »Lücken« in der Staatsgewalt, sondern stellen von vornherein eine »aktive Ermächtigung der Menschen, der Bürger« dar, die »rechtlich eine freiheitliche Gesellschaft, einen demokratischen Staat [...]

begründen«.[157] Rechte, ernst genommen, haben einen überschießenden emanzipatorischen Gehalt, weil sie strukturell ans Demokratieprinzip gekoppelt sind. Keine Rechte ohne Demokratie, die sie erzeugt, ändert und konkretisiert. Keine Demokratie ohne Rechte, die sie ermöglichen.[158] Moderne Demokratie ist ein ursprungsloser Kreisprozeß.

Ganz auf dieser Linie hat der Gerichtshof im Fall »van Gend & Loos« dem Kläger auf Weisung Mr. Hydes *europäische Bürgerrechte* zugeschrieben, die der Kläger als Angehöriger einer autonomen *europäischen Bürgerschaft* hat. Das heißt nicht mehr und nicht weniger, als daß an den Grenzen, die die Gesamtheit der europäischen Bürgerschaft von den einzelnen Staatsvölkern trennen, *die Herrschaft der Herren der Verträge endet*. Die Entscheidung des Gerichts war knapp, wahrscheinlich 4:3 gegen die Herren der Verträge. Es war ohne Zweifel eine Entscheidung im Namen der Marktfreiheit des kapitalkräftigen Klägers. Die klassische Funktion subjektiver Rechte war damit erfüllt. Aber es war zugleich eine Entscheidung im Namen der Demokratie, da sie die Herren der Verträge und die Herrschaft des Kapitals verfassungsrechtlich der Herrschaft von Europas Bürgerschaft unterwarf, wenngleich zunächst nur als juristische Fiktion. Aber von *juristischen* Fiktionen gilt mit Friedrich Müller, daß sie kein leeres Sollen sind, sondern zurückschlagen können.

Schließlich hat das Gericht 1991, wenige Jahre nach Verabschiedung der Einheitlichen Europäischen Akte durch die Gliedstaaten (1986) und kurz vor Unterzeichnung des Maastricht-Vertrags (1992), in seinem »EWR«-

Gutachten (EWR = Europäischer Wirtschaftsraum) entschieden, daß es (ultra vires) »Schranken für die Zulässigkeit einer Vertragsänderung« gibt, die Organe wie den EuGH und die »Substanz der Gründungsverträge« betreffen und deshalb »in ihrem Kern als unantastbar zu gelten haben«.[159] Es gibt damit einen Kern gemeinschaftlicher Organe und wohl auch individueller Rechte, die *jeder Vertragsänderung durch die Gliedstaaten entzogen sind.* Dazu wäre nur die *verfassunggebende Gewalt der gesamten europäischen Bürgerschaft* befugt. Sie ist im Vertragsrecht nicht kodifiziert, muß es aber als verfassunggebende Gewalt auch nicht sein, da sie juristisch jeder Kodifikation (wenn auch nicht dem Rechtszustand) vorausgesetzt ist.

Auch hier dieselbe Ambivalenz rechtsstaatlicher Rationalisierung. Sie kann im Sinne Hayeks dazu genutzt werden, die Marktfreiheit und den Wettbewerbskommissar durch änderungsfesten Grundrechtsschutz gegen demokratische Gesetzgebung zu immunisieren: das Gericht als Agentur der Polizei. Sie kann aber auch die Bürger dazu aufhetzen, ihre verfassunggebende Gewalt zu gebrauchen, um die Freiheit der Märkte und der Meere demokratischer Herrschaft zu unterwerfen und die Grundrechte im Interesse der ökonomischen und sozialen Verlierer auszugestalten: das Gericht als Agentur demokratischen Rechts, das politisches Handeln ermöglicht.[160]

Zurück ins Jahr 1963. Im Augenblick der ersten großen Krise der Union, in dem de Gaulle sich entschlossen zeigte, das ganze europäische Projekt zu kippen, hatte der EuGH in zwei Präzedenzfällen die Grundlage für ein europäisches Recht geschaffen, das auch gegen de Gaulle, Margaret Thatcher, Angela Merkel und das Bundesverfassungsgericht zuverlässig durchsetzbar war, und zwar genauso zuverlässig und wirksam wie nationales Recht.[161]

Der gallische Hahn krähte. Während de Gaulle mit großen Gesten, pathetischen Worten und der Installation des leeren Stuhls, der 1965 für ein halbes Jahr im Ministerrat stand und jede Entscheidung blockierte, den politischen Beifall des französischen Publikums fand und die passive Aufmerksamkeit der Europäer auf ein europäisches Thema lenkte, unterwarf das Gericht, öffentlichkeitsscheu, wie es ist, die Grande Nation geräuschlos der Herrschaft des Europarechts. Effektiv, aber nicht demokratisch, machte es die demokratischen Voraussetzungen Europas jenseits des Nationalstaats in den Rechten seiner Bürger explizit.

Wenig später, Anfang der siebziger Jahre, hat es die Direktwirkung in der Entscheidung »Leberpfennig« (das Finanzgericht München hatte den Streit um eine Umsatzsteuer dem EuGH vorgelegt) auf den gesamten Bereich des sekundären, durch europäische Organgewalten erzeugten Gemeinschaftsrechts ausgedehnt und dafür den schweigenden Beifall der juristischen Kommentatoren geerntet. Ende des Jahres, im Dezember 1970, in der berühmten Entscheidung »Internationale Handelsgesellschaft«, hat das Gericht dann auch noch den Vorrang sekundären Gemeinschaftsrechts vor nationalem Verfassungsrecht festgelegt.[162] Der gallische Hahn verstummte.

War die direkte Anwendbarkeit der Verträge noch im *internationalen* Recht verankert, so konstituierte die Direktwirkung eine neue, *transnationale* Rechtsordnung. Mit einem einzigen Urteil hat das Gericht die Union 1963 aus der Völkerrechtsordnung des 20. Jahrhunderts ausgeklinkt und den Vorrang des Europarechts vor nationalem Recht etabliert. Das vermag nur Mr. Hyde. Das Urteil von 1963 vermeidet, geschickt wie Mr. Hyde ist, die Rede vom Vorrang europäischen Rechts (*European law supremacy*). Es wartet statt dessen unauffällig auf den nächsten passenden Fall, denn der kommt bestimmt. Gottes Mühlen mahlen langsam, aber so stetig wie die Evolution. Gut ein Jahr später ist es soweit, und das Gericht reicht die Begründung des *direct effect* durch die *European law supremacy* im Fall »Costa/E.N.E.L.«, eines Großaktionärs des in Italien ansässigen Stromkonzerns E.N.E.L., der gegen die geplante Verstaatlichung seines Konzerns geklagt hatte, nach.

List der Vernunft: Alle Europäer haben jetzt Bürgerrechte.

Alle Europäer haben jetzt Bürgerrechte. Die, die geschäftig in Akten stöbernd über die Brücke fahren und die Gerichte mit Klagen bombardieren, ebenso wie die, die unter der Brücke schlafen, sich keinen Anwalt leisten können und von ihren neuen Rechten sowieso nichts wissen. Keine List ohne Gegenlist: instrumentelle Vernunft.

Evolution des Rechtsbegriffs

Wie war die große Wirkung möglich? Zur Evolution gehören mehr als ein paar Richter eines einzigen Höchstgerichts, mehr als ein oder eine Reihe von Urteilen eines einzigen Gerichts. Ein Gericht macht noch kein Funktionssystem. Erklären läßt sich die Wirkung nur aus der Tätigkeit *vieler* nationaler Gerichte in *allen* Ländern der Union. Sie entscheiden seit Mitte der sechziger Jahre, gestützt auf das Vorlageverfahren der Verträge, das bis dahin totes Recht und ohne Fall, also ohne klare Bedeutung geblieben war, überall in Europa in schneller Serie einen Fall nach dem andern. Hatte die erste Instanz in Fällen des Typs »Molkereizentrale Westfalen-Lippe v. Hauptzollamt Paderborn« auch nur den geringsten Zweifel, wie das Europarecht auszulegen sei, mit dem findige Anwälte unkundigen Richtern, die oft das Wort Europarecht in der Klageschrift zum ersten Mal gelesen hatten, auf die Nerven fielen, konnte das Gericht den Fall dem EuGH zur Entscheidung vorlegen. Serien individueller Klagen erzeugten so Zug um Zug die europäische *Rechtsstaatsverfassung*, die *Recht und Rechte strukturell* und immer dichter *aneinanderkoppelt*. Zuverlässigkeit und Wirksamkeit europäischen Rechts erklären sich allein daraus, daß die nationalen Gerichte es anwenden, als wäre es jeweils vorrangiges nationales Recht – und wenn sie nicht weiterwissen, fragen sie das oberste Gericht in Luxemburg.

Warum aber machen die Gerichte das so bereitwillig mit? Warum legen sie vor? Karen Alters Erklärung ist rechtssoziologisch ebenso trivial wie zwingend. Höhere Instanzen scheuen sich, Urteile zu revidieren, die hinter einer Vorlage des höchsten europäischen Gerichts sichere Deckung gefunden haben. Und nichts scheuen gestreßte Amtsrichter mehr als Revisionsverfahren durch das nächstgelegene Landgericht oder gar das von fern drohende Bundesgericht. Den Herren der Verträge ergeht es nicht anders. Die Exekutiven, die anfangs lautstark protestieren, mit leeren Stühlen Entscheidungen blockieren und den Ministerrat der Lächerlichkeit preisgeben, sind gegen ihre eigenen nationalen Gerichte machtlos, es sei denn, sie wagen den aussichtslosen Staatsstreich, und davor ist selbst der große General zurückgeschreckt. Schließlich passen sie, wenn die Evolution ihr Werk längst vollbracht hat, zähneknirschend die Verträge einer auch ohne ihr Zutun veränderten Wirklichkeit an.[163] Ihnen bleibt die undankbare Rolle, dem Publikum die Sache schmackhaft zu machen und sie ins nationale Interesse zu übersetzen.

So funktioniert Evolution. Die Klagen erzeugen kommunikative *Variation*, das Vorlageverfahren dient als funktionaler, manchmal – und gar nicht so selten – auch als sozialer (Klassenrecht) *Selektionsmechanismus*. Die systemische *Restabilisierung* besorgt die herrschende Meinung der Europarechtswissenschaft, die auf diesem Weg das europäische Rechtssystem operativ schließt und seine noch frischen Truppen durch die kognitive Öffnung zur Umwelt von der Peripherie ins Zentrum schleust, um am Ende das ganze Studium des öffentlichen Rechts umzukrempeln und die Spitzen des Verfassungsgerichts zu erobern. Europäisches Recht nationalisiert sich, nationales Recht europäisiert sich. Die verschiedenen Rechtsordnungen durchdringen sich wechselseitig.[164] Mittlerweile ist der ursprüngliche Dualismus von nationalem und internationalem Recht, der die Köpfe von Hegel bis Triepel faszinierte und der den EuGH fein säuberlich vom Bundesverfassungsgericht (BVerfG) und das Landratsamt Husum vom Europäischen Parlament abgetrennt hat, als wären es zwei Welten, einem gestuften Kontinuum juristischer Körperschaften gewichen. Ein Musterbeispiel evolutionärer Selbsterzeugung von Rechtskommunikation durch Rechtskommunikation. Masse macht's. Ohne die vielen einzelnen Klagen, kleingedruckten Schriftsätze, hinterhältigen Eingaben, ohne besorgte Kläger, gerissene Anwälte, schläfrige Amtsrichter, ohne Serien von immer wieder neu variierten, von meist winzigen Fehlern wimmelnden Einzelentscheidungen überall in Europa wäre es nie zum *take off* der Rechtsstaatsentwicklung der Union gekommen. Die Präzedenzfälle wären totes Recht geblieben und zu keiner Bewegung erregt worden.

Die Ausdifferenzierung eines komplexen, flexibel angepaßten, transnationalen europäischen Rechts- und Gerichtssystems, das die nationalen Gerichte einschließt, verwandelt die juristische Fiktion, den *empty signifier* einer autonomen europäischen Bürgerschaft, in einen *existierenden Begriff*.

Mr. Hyde triumphiert. Europas Liberalisierungsmaschine kommt auf Touren. Ein Kapitalist klagt, verhindert die Nationalisierung seiner Fabrik, wehrt den Zugriff des Finanzamts auf sein Vermögen ab. Aber zu früh gefreut, denn Mr. Hyde und sein Freund, der Kapitalist, müssen gleichzeitig akzeptieren, daß sie jetzt in einer neuen Bürgerrechtsgenossenschaft leben, in der alle dieselben Rechte haben und in der ein wohnsitzloser Franzose, der Belgiens Bürgern bettelnd auf die Nerven fällt, sich ins örtliche Sozialstaatssystem einklagen kann. So kam es im Jahr 2004. Gottes Mühlen mahlen langsam.[165] Dr. Jekyll zielt aufs Tor, Mr. Hyde legt sich beherzt dazwischen, fälscht den Ball ab und schießt ein Eigentor. Es steht 2:2.

Am Ende – aber nur am guten von den vielen Enden dieser Geschichte, an dem der gegenhegemoniale *Kantian mindset* zum Zuge kommt[166] – entscheidet der Gerichtshof im »Schlachtprämien«-Urteil schon 1973, daß sich die politische zur menschlichen Emanzipation weiterentwickeln muß, soll die Union Bestand haben. Die »Gleichheit der Mitgliedstaaten«, so das Gericht, schließe nicht nur das politische, sondern auch das soziale, ökonomische und kulturelle »Gleichgewicht zwischen Vorteilen und Lasten« und eine »Pflicht der Solidarität« zwischen den Nationen ein.[167] Kein Zufall, daß es die siebziger Jahre waren, in denen auch das Bundesverfassungsgericht den Schritt von der politischen zur menschlichen Emanzipation nachvollzogen und die Freiheit des Grundgesetzes aus der menschlichen Emanzipation abgeleitet hat, natürlich ohne Marx oder das Jahr 1968 zu erwähnen.[168] Liest man das »Schlachtprämien«-Urteil des EuGH mit den durch Kant, Roosevelt und das Grundgesetz dazu ausdrücklich ermächtigten Augen des juristischen Laien Dr. Jekyll, dann heißt das heute, im Jahr 2014: Gegen die zur Rechtsnorm gewordene »Pflicht der Solidarität« verstößt ganz offensichtlich der hegemoniale Norden, wenn er, wie in der derzeitigen Banken- und Eurokrise, dem Süden im nationalen Interesse der deutschen Exportwirtschaft und deutscher Niedrigzinsen ein auf Jahrzehnte programmiertes Austeritätsregime aufzwingt.[169]

In den beiden Präzedenzfällen von 1963 und 1964 sowie in nachfolgenden Urteilen versteht das Gericht, wie wir gesehen haben, die Verträge nicht nur als internationales Recht, das Staaten wechselseitig verpflichtet, sondern auch als transnationales Recht, das eine neue Bürgerschaft konstituiert. Damit aber macht es nur explizit, daß die Pariser und Römischen und alle folgenden Verträge nicht nur internationale Verträge, sondern zugleich unmittelbarer Vollzug des *verfassunggebenden Willens der Völker Europas* sind (s. o. Kapitel I).

Drei Stufen

Der Verfassungsauftrag des schnell verdrängten, aber nicht verschwundenen *Kantian mindset* der vierziger Jahre wird in einem dreistufigen Perspektivenwechsel wirksam. An dessen Ende verzweigt sich die aus den einzelnen Staatsverfassungen synthetisierte, verfassunggebende Gewalt in zwei gleichberechtigte Legitimationssubjekte, durch die sich die individuellen Träger subjektiver Rechte privat und öffentlich selbst bestimmen.[170]

Vom autoritären Staat zur demokratischen Gesellschaft In einem ersten Perspektivenwechsel vom *autoritären Staat* zur *demokratischen Gesellschaft* befreit sich das Gericht von dem – in den Außenbeziehungen der neuen Demokratien immer noch wirksamen – Staatsautoritarismus, der eine Erblast des englischen und deutschen monarchischen Konstitutionalismus ist.[171] Auch die ebensooft kopierten republikanischen Verfassungen

Frankreichs und der USA konnten sich des steinernen Gastes exekutiver Prärogativgewalt, der sich in den Außenbeziehungen eingenistet hatte, nie ganz entledigen. Noch durch das staatsrechtliche Selbstverständnis der Bundesrepublik geistert sein Gespenst.[172]

Das europäische Gericht hält dem – ganz im Sinne eines mit Ingeborg Maus gelesenen Kant[173] – entgegen, daß die »constituent power« der Europäischen Union nicht bei den vertragsschließenden Staaten, sondern bei den »peoples of Europe themselves« liege. Deren »agreement« *begründet* und *beherrscht* aber nicht nur die völkerrechtlich bindenden Abkommen ihrer Regierungen,[174] sondern *konstituiert* auch, wie gezeigt, eine *neue*, gemeinsame Bürgerschaft.[175] Die Übereinkunft der Staatsvölker vollzieht lediglich den verfassunggebenden Vereinigungswillen der beteiligten Nationen, den diese in ihren Verfassungen niedergelegt hatten. Schon deshalb hätten die Richter die Verträge so auslegen müssen, wie sie es getan haben: als ein »agreement between the peoples of Europe that binds their governments and not simply as agreement between the governments that binds the peoples«.[176] Damit löst sich die kategoriale Vermengung von Volks- und Staatssouveränität, die sich einem kollektivistischen Selbstmißverständnis der Volkssouveränität (dazu sogleich) verdankt, in nichts auf.[177] Die Europäische Union hat in der Tat einen wesentlichen, völkerrechtlich »innovativen« Schritt zur *äußeren* »Zivilisierung des Gewaltkerns politischer Herrschaft« getan.[178]

Die Idee einer *Zivilisierung staatlicher Gewalt*, die in der Verfassung der Union zumindest nominell als (Menschen-)Rechtstext verkörpert ist, hat einen utopischen und emanzipatorischen Überschuß. Sie ist eine konstitutive und nicht bloß regulative Idee, und in der Sprache der Evolutionstheorie sind konstitutive Ideen *normative Constraints*. Die Idee einer Zivilisierung der Staatsgewalt zielt auf die Aufhebung der »mythischen Gewalt« ursprünglicher Rechtsetzung, die sich in Grenzregime und Krieg als äußere, in Polizeieinsatz und Strafvollzug als innere Gewalt endlos wiederholt.[179] Zivilisierung staatlicher Gewalt bedeutet nichts anderes als das *Zurückdrängen der Gewaltschranke*, die dem Recht nicht schon begrifflich, sondern nur historisch inhärent, also bloß kontingent ist.[180] Die Benjaminsche *Kritik* des »Zwangs zur allgemeinen Anwendung von Gewalt als Mittel zu Zwecken des Staates« trifft auch noch die *partikulare* Gestalt des *demokratischen* Rechtsstaats, der ohne eine Form kosmopolitischer *Staatlichkeit* (nicht: *Staat*) und eine autonome Weltbürgerschaft unvollständig bleiben muß, wie schon Kant klar erkannt hat.[181]

Die Partikularität der Staatsgewalt beruht auf dem gewaltsamen Ausschluß derer, die nicht dazugehören und in Outsourcing-, Offshoring- und Push-back-Operationen ausgeschlossen, ausgesetzt und ausgestoßen werden. Die Partikularität der Staatsgewalt ist, wie Kelsen gezeigt hat, *latent imperialistisch*, egal ob ein Staat nach innen demokratisch organisiert ist oder nicht.[182] Sie offenbart, wie Benjamin schreibt, »etwas Morsches am Recht«.[183]

Auch der europäische Bürgerstatus hebt lediglich die gewaltsame Ausgrenzung an den Grenzen der Gliedstaaten auf, aber nur, um an den Grenzen der Union um so furchtbarer wiederzukehren. Es ist die Wiederkehr des verdrängten Kolonialismus.

Jeder Katastrophe der europäischen Boatpeople, die der Wahrnehmung des Publikums nicht durch das rassistische Management des südlichen Grenzregimes entzogen ist, folgt ein Fernsehtag beschwichtigender Sentimentalität. Der Papst predigt. Und dann *business as usual*: die nächste Sitzung hinter verschlossenen Türen, auf der die technische Vervollkommnung eines Regimes beschlossen wird, das die europäischen Arbeitsplätze, die Jagdgründe, den Fischfang und die Bodenschätze vor und hinter den Küsten Afrikas so sichert, daß sie dem Sichtkontakt mit Publikum und Jus Publicum entzogen bleiben. Polizei statt Politik. Die zweite Verdrängung des Kolonialismus.

Doch ganz kann sich auch der *managerial mindset* des europäischen Grenzregimes dem schon *existierenden Begriff* der europäischen und internationalen Menschenrechte und ihrem Non-Refoulment-Gebot (Verbot der Zurückweisung politisch, religiös oder rassistisch verfolgter und bedrohter Flüchtlinge) nicht entziehen. Die zweite Verdrängung stößt auf dessen Widerständigkeit. Während noch zahlreiche Verfahren bei nationalen Gerichten und dem EuGH anhängig sind, gibt es bereits erste, bahnbrechende Entscheidungen des Straßburger Menschenrechtsgerichts, das für alle 47 Länder (und ihre 820 Millionen Bürger) des Europarats zuständig, dadurch freilich auch permanent überlastet ist.[184] Der Europäische Gerichtshof für Menschenrechte (EGMR) hat die – bislang ungebrochen fortbestehende – Gewaltsamkeit des Grenzregimes *weitgehend illegali-*

siert, alle Konstruktionen rechtsfreier Räume zwischen Staaten für nichtig erklärt und, besonders in der Entscheidung »Hirsi v. Italy«, wichtige erste Schritte zur Zivilisierung des Gewaltkerns politischer Herrschaft unternommen.

Der EGMR hat den reaktionären völkerrechtlichen Dualismus auch im Außenverhältnis der EU, der im Schengener Grenzregime gegen das bestehende Völkerrecht rehabilitiert worden war, für rechtlich unzulässig erklärt und unter transnationalen Konstitutionalisierungsdruck gesetzt.[185] Er hat das Seerecht konstitutionalisiert und Flüchtlinge, die – *off shore* – das Deck eines Schiffes unter europäischer Fahne erreichen, mit den entsprechenden europäischen und nationalen Rechten (effektiver Rechtsschutz mit Betreten des Schiffes) ausgestattet. Er hat das Outsourcing von Flüchtlingen eingeschränkt, indem er die Hoheitsgewalt deterritorialisiert und an deren faktische Ausübung gebunden hat (beispielsweise der spanischen Polizei in afrikanischen Flüchtlingslagern). Er hat das Non-Refoulment-Gebot des internationalen Rechts durch das weitgehende Verbot von Offshoring und Outsourcing gestärkt. Er hat die Souveränität des europäischen Grenzregimes aufgehoben und es den universellen Menschen- und Flüchtlingsrechten unterworfen. Er hat jede Form der Kollektivausweisung verboten. Die weltweit wahrgenommenen und diskutierten Entscheidungen des Gerichts hatten rund um den Globus eine erhebliche Wirkung, selbst in den Vereinigten Staaten.

Vom kollektiven Volkssubjekt zur intersubjektiv verflüssigten Volkssouveränität Die Urteile von 1963 und 1964 haben auch noch den sich anschließenden Perspektivenwechsel vom egozentrischen Singular des *kollektiven Volkssubjekts* zur dezentrierten und *intersubjektiv verflüssigten Volkssouveränität* vorbereitet. Mit dem zweiten Perspektivenwechsel werden die noch verbliebenen, metaphysischen Letztbegründungsansprüche substantieller Volkssouveränität in (im Prinzip beliebig) *erweiterbare* und (reflexiv) *aufstufbare Verfahren demokratischer Willensbildung* aufgelöst.[186] Der »Kreislauf von Legitimationsakten«, der »an keiner Stelle (un-demokratisch) unterbrochen werden darf«, hat sich (s. o.) nicht nur innerhalb des Schengen-Raums weit über die Grenzen des Nationalstaats hinausgeschoben und tendenziell globalisiert.[187] Deshalb kann das entstehende globale Volk (Weltbürgerschaft) heute schon, wie im Fall des Irakkriegs, darauf bestehen, daß das Völkerrecht mit der verfassunggebenden Gewalt und dem Recht des globalen Publikums »in Eintracht« (Kant) steht (s. o.).

In Europa hat das Gericht fast immer den ersten Schritt getan, und die von den Staaten ausgehandelten Verträge im Verfassungsrang haben ihn fast immer nachvollzogen, aber nie aufgehoben. So ist, wie wir gesehen haben, die Teilung von Souveränitätsrechten zwischen nationalen und europäischen Institutionen heute ebenso europäisches Verfassungsrecht wie der *direct effect*, der aktive und passive europäische Bürgerstatus (Grundrechte), die *uniform application* und *supremacy* europäischen Rechts und nicht zuletzt der *änderungsfeste Kern gemeinschaftlicher Identität* (grundlegende Organgewalten, EU-Bürgerstatus). Damit sind alle Fragen der Souveränität, die den Vollzug verfassunggebender Gewalt in der Union betreffen, in das Spiel politischer Selbstbestimmung zwischen nationalen Völkern *und* europäischer Bürgerschaft einbezogen.

Deshalb argumentiert das europäische Gericht auch oft ganz ähnlich wie der US-amerikanische Supreme Court und die amerikanische Verfassungstheorie. Für die letztere ist die Idee einer zwischen Bund und Staaten dauerhaft *geteilten Souveränität* selbstverständlich, ja Verfassungsvoraussetzung. Das aber ist eine Vorstellung, mit der sich deutsches Staatsrecht bis heute schwertut.[188] Aber während die amerikanische *Constitution* in der Bundesverfassung die Rede der Staatsverfassungen von »We, the people« lediglich verdoppelt, hält sie an der Fiktion kollektiver Identität bzw. substantieller Souveränität fest. Indem die Präambel der UN-Charta diese Formel (wenn auch in der pluralisierten Form von *peoples*) übernimmt, beerbet sie noch einmal die Paradoxien des subjektphilosophisch konstruierten Souveränitätsbegriffs.[189] Die paradoxe (und kostenreiche, weil spiegelbildliche[190]) Verdoppelung der Souveränität erlaubt zwar eine erweiterte und gestufte, in sich reflektierte *Prozeduralisierung* der Volkssouveränität, nicht aber deren *kommunikative Individualisierung*.

Exemplarisch zeigt das die »Term Limits«-Entscheidung des U.S. Supreme Court (514 U.S. 779) von 1994. Vor die Frage gestellt, ob es *nur* eine US-Nation (US-Bürger) oder *nur* Staatsnationen (Bürger Ohios, Kaliforniens usw.) gibt und neben ihr keine anderen, mußte, was ansonsten in der Schwebe bleibt, zumindest in diesem Fall im Sinne *eines* substantiellen Subjekts mit Kompetenz-Kompetenz entschieden werden. Das Gericht entschied den Fall äußerst knapp mit 4:3 Stimmen zugunsten der juristischen Existenz der US-amerikanischen Nation, bei zwei Dissenter-Voten.[191] Die *fallweise* Subsumtion der einen kollektiven Substanz unter die jeweils andere markiert, als Erblast der Subjektphilosophie, eine Schranke der *Zivilisierung des inneren Gewaltkerns politischer Herrschaft*. Walter Benjamin bezeichnet sie als die »schicksalhaft gekrönte Gewalt« des Rechts, deren düstere Allegorie in Amerika immer noch die Todesstrafe ist.[192]

Die innerstaatliche Gewalt des Rechts kann, wenn überhaupt, erst durch die *kommunikative Individualisierung* der Volkssouveränität überwunden werden. Das war auch einer der vielen guten Gründe, warum Kelsen frühzeitig für die radikale Individualisierung der Volkssouveränität, überhaupt des Staates plädiert, sich damit in Deutschland viele Feinde gemacht, aber auch einen haltbaren Republikanismus begründet hat, der gleich weit von Liberalismus und Kommunitarismus entfernt ist.[193]

Nur *als* sozialisierte einzelne, die sich, so das zentrale Argument von Habermas, in der prekären, aber sozialisationstypischen Balance zweier sozialer Rollen selbst bestimmen, können die *Staatsbürger*, ohne die normativen Errungenschaften solcher Staatsbürgerschaft aufzugeben, eine zweite *europäische Bürgerschaft* konstituieren.[194] Letztere darf der nationalen Bürgerschaft nicht hierarchisch (und damit strukturell gewaltsam) vorgeordnet werden (et vice versa), sondern muß ihr gleichgewichtig gegenübertreten, damit die europäischen Bürger – im egalitären Diskurs – *selbst bestimmen* können, welcher Rolle sie *jeweils* mehr oder weniger Gewicht und welcher der damit verbundenen politischen Optionen sie *jeweils* den Vorzug geben wollen.[195] Deshalb reicht auch die »Gesetzesbindung, so wichtig sie ist, [...] zur demokratischen Legitimation neuer Normen keineswegs mehr aus, um demokratische Legitimation zu gewährleisten«.[196] Dementsprechend breit ist das Spektrum an (bislang weitgehend unausgestalteten) demokratischen Legitimationsformen, das der Lissabon-Vertrag in den Art. 9-12 für den demokratischen Ausbau der EU vorsieht.[197]

Auch am »Lissabon«-Urteil des BVerfG von 2009 tritt der *repressive Charakter der substantiellen Souveränitätstheorie* ebenso unmittelbar hervor wie die *emanzipatorische Errungenschaft* einer nicht nur prozedural gestuften, sondern auch durchgängig *individualisierten Ordnung des öffentlichen europäischen Rechts*, bedeutet doch die zumindest angedrohte »Blockade« der EU-Entwicklung durch das Gericht

> »nicht nur [...] den Schutz von nationalen Errungenschaften, der Demokratie, der Herrschaft des Gesetzes usw. Es bedeutet auch, den eigenen Staatsbürgern Errungenschaften europäischer Bürgerschaft im Namen des Status quo zu verweigern und Fortschritte der Bürgerrechte, der Achtung der Menschenwürde, der Gleichheit und Gerechtigkeit auf dem Altar nationaler Staatsautonomie zu opfern.«[198]

Das Europarecht nötigt die nationalen Gerichte zur Individualisierung der Volkssouveränität – mit all ihren Ambivalenzen, die sich zwischen den Polen Marktatom

(Marktbürgerschaft) vs. kommunikative Freiheit (politische Bürgerschaft / Staatsbürgerschaft) bewegen.[199]

Bei der, wie auch Habermas mit dem deutschen Verfassungsgericht betont, *legitimen* Verteidigung der demokratischen Rechte deutscher Staatsbürger dürfen die nationalen Gerichte die europäischen Rechte *derselben* deutschen Bürger (und damit *aller andern* Unionsbürger) nicht verletzen und ihre positivrechtliche Entwicklung sowenig blockieren wie die Entwicklung der nationalen Grundrechte durch den jeweiligen Gesetzgeber. Das nationale Recht kann schon deshalb, *weil jeder und jede Bürgerin des jeweiligen Landes europäische Rechte hat, die alle europäischen Bürger betreffen*, keinen (wie das BVerfG im »Lissabon«-Urteil fälschlich unterstellt) *Vorrang* vor dem europäischen Recht beanspruchen, wohl aber (wie das BVerfG seit den sogenannten »Solange«-Urteilen von 1974 und 1986 argumentiert) einen (auch europarechtlich gebotenen) Grundrechts*vorbehalt*.[200]

Rechte, einmal durch die Herren der Verträge (wie implizit auch immer) erzeugt, haben *als* Rechte keinen Herren mehr, schon gar nicht, wenn sie, wie in den Verträgen von Maastricht bis Lissabon, explizit im Rechtstext drinstehen.[201] Selbst die *einseitige* Volksabstimmung eines *einzelnen* Landes zur Kündigung der Verträge wäre, weil die Unionsbürger, unabhängig von ihrer jeweiligen Staatsbürgerschaft, im gesamten Herrschaftsbereich der Union, also in derzeit 28 Staaten, *Rechte* haben, unzulässig. Tritt beispielsweise Dänemark nach einem Referendum aus der Gemeinschaft aus, dann verlieren nicht nur die Dänen ihre europäischen Rechte, sondern die Rechte aller andern Unionsbürger wären mit betroffen und eingeschränkt. Das gilt nicht nur für die wirtschaftlich relevanten Grundrechte, z. B. überall in der EU leben, arbeiten oder für das inländische Kontingent (also als Bulgare in Finnland für die finnischen Abgeordneten) des EU-Parlaments stimmen und kandidieren zu dürfen, sondern darüber hinaus für bestimmte Sozialleistungen, ökologische Rechte oder die lokalen politischen Partizipationsrechte, die (in der kommunalen Selbstverwaltung) nur vom Wohnsitz des Unionsbürgers abhängen. Es gilt insbesondere auch für den *allgemeinen Gleichheitssatz*. Auf seiner Grundlage hat der Europäische Gerichtshof nicht nur Produkt- und Konsumnormen, Verbraucherschutz usw. vereinheitlicht und geschlechtsspezifische Benachteiligungen am Arbeitsplatz europaweit verboten, sondern auch das Recht einer jeden Unionsbürgerin auf Schwangerschaftsunterbrechung in den EU-Ländern, in denen sie erlaubt ist, begründet. So darf auf Anordnung des EuGH von 1991 das katholische Irland, wo Abtreibung immer noch strafrechtlich verfolgt wird (auch wenn die Verfolgung 2009 vom EGMR teilweise verboten wurde), irische Bürgerinnen nicht daran hindern, nach England oder Holland zu reisen, um einen entsprechenden Eingriff vornehmen zu lassen. Schon lange vor dem Vertrag von Lissabon galt, daß das Bestehen subjektiver Rechte zwischen der Gemeinschaft und ihren Bürgern die Auflösung der Gemeinschaft »selbst gegen den Willen aller Mitgliedstaaten« verbietet.[202]

Auch für die Rechte von Katalanen und Schotten, sollten die Sezessionsbemühungen ihrer Länder erfolgreich sein, gilt, daß deren europäische Bürgerrechte durch eine Sezession *nicht verlorengehen dürfen*. Der Unverlierbarkeit von Rechten, zu deren *Begriff* es gehört, daß die Bürger sich ihre Rechte selbst wechselseitig zugeschrieben haben (auch wenn sie *faktisch* durch Verträge erzeugt worden sind), trägt das *europarechtliche* Austrittsverfahren, das erstmals der Lissabon-Vertrag regelt, dadurch Rechnung, daß es nicht nur die Gliedstaaten, sondern auch die *Organe der Union in das Verfahren einbezieht.*[203]

Wie in den USA und andern Ländern spiegelt sich der Fortschritt der inneren Zivilisierung der Staatsgewalt, der im *Zurückweichen der Gewaltschranke im Recht* besteht, auch in Europa vor allem im Fortschritt der *Antidiskriminierungsnormen* und dem immensen Erfolg der verschiedensten, mehr oder minder eng vernetzten Bürgerrechtsbewegungen, deren stärkste die Frauenbewegung war und ist. *Je stärker jedoch eine internationale Organisation zu einer transnationalen Union mutiert, desto größer wird das demokratische Legitimationsdefizit judikativ gesteuerter Integration.* Mit wachsender Integrationsdichte versiegt die Kraft des nicht mehr *inter*nationalen Gerichts, fehlende demokratische Legitimation zu kompensieren. Kein Wunder, wenn das rasend schnelle Kapital und die hinterherlaufende, aber im Vergleich der Staatsgewalten immer noch schnellere Exekutive die Gunst der Stunde nutzen, um ihre transnationalen Schäfchen ins Trockene zu bringen und sich von der Herrschaft des Gesetzgebers zu emanzipieren. Ein solcher Verlust an Demokratie kann durch keinen Antidiskriminierungs- und Bürgerrechtsgewinn kompensiert werden.

Dabei macht es einen Riesenunterschied, ob Antidiskriminierungsnormen wie in den Vereinigten Staaten *demokratisch* erzeugt werden oder nicht; ob sie »zum Kristallisationspunkt allgemeiner Konfliktfronten werden, die größere Gruppen der Bevölkerung«, die Marx soziale Klassen genannt hat, »trennen«, oder ob der latente Klassenkonflikt durch den *managerial mindset* individualisierender Gerichtsverfahren »politisch neutralisiert« und dem demokratischen Legitimationsprozeß entzogen wird;[204] ob sie (1) durch Worte und Pflastersteine, durch öffentliche Protestbewegungen und nächtelange Debatten auf der ganzen Breite des immer von neuem irritierten Medienspektrums artikuliert, entdeckt, expandiert und radikalisiert werden, ob sie (2) durch Wahlkampagnen, parlamentarische Grundsatzdebatten und Parlamentsbeschlüsse in zwingendes Recht verwandelt werden, ob sie (3) durch Präzedenzfälle ausbuchstabiert und konkretisiert werden, in denen das Gericht zwar unabhängig, aber mit Ohren für normative Lernprozesse ausgestattet ist, die ihnen eine im Kampf erregte öffentlichen Meinung geöffnet hat – oder ob der Kreisprozeß demokratischer Legitimation, der nur dann nicht versiegt, wenn er in ununterbrochener Folge von (1) der Straße über (2) das Parlament zu (3) den Gerichten und wieder zurück läuft, auf die letzte und einzige Stufe eines Gerichts reduziert wird, das, wie das höchste europäische, seine Entscheidungen in Einsamkeit und Freiheit fällt.[205]

Egal, ob sie progressiv und manchmal radikal und mutig sind oder, wie es ebensooft der Fall ist, reaktionär, die formelle Unabhängigkeit des europäischen Gerichts muß an keinem Druck der Straße, an keiner Drohgebärde des Parlaments, an keiner populistischen Rede des

Präsidenten substantielle Widerständigkeit, Autonomie, offene Ohren und Lernfähigkeit beweisen. Seine Urteile können von Wahlkampagnen und Mehrheitsentscheidungen nicht mehr korrigiert werden. *Legal integration* tritt an die Stelle von *political agreement.*[206] Mr. Hyde schießt erneut den Führungstreffer. Es steht 3:2.

Von konventioneller Subsumtion zu postkonventioneller Koordination Das dritte Tor für Mr. Hyde zwingt Dr. Jekyll zu einem weiteren Perspektivenwechsel von der *konventionellen Subsumtion* (Hierarchie der Gerichte) zur *postkonventionellen Koordination* der gerichtlichen Instanzen. Erst dieser Perspektivenwechsel löst den Lernprozeß aus, der dann auch den evolutionären Pfad zur funktionalen Stabilisierung der Rechtsstaatsverfassung Europas durch ein deliberatives europäisches Gerichtssystem erschließen und die Einsamkeit des Gerichts aufheben wird. Nicht nur die in sich verdoppelte Bürgerschaft sieht sich der normativen Zumutung zur reflexiven Balance *widersprüchlicher* Rollenerwartungen ausgesetzt, auch die höchstrichterlichen Entscheidungen sehen sich in einem – keineswegs herrschaftsfreien, aber *auch* argumentativen – Diskurs zum vorranglosen und wechselseitigen Interpretieren, Aushandeln, Koordinieren, Assimilieren und Akkommodieren, Justieren und Nachjustieren ihrer immer auch politischen Stellungnahmen, Gutachten und Urteile genötigt. Halberstam spricht von einem »coeval process« der reziproken Konstitutionalisierung durch deliberative »coordination and accomodation«.[207]

Ein gutes Beispiel ist das koordinativ-kooperative Gerangel aus Argument und Muskelspiel zwischen dem

EuGH und dem mächtigsten nationalen Verfassungsgericht, dem BVerfG. Durch Urteile wie vor allem die sogenannten »Solange«-Urteile (1974, 1986) und das »Maastricht«-Urteil (1993) hat das Bundesverfassungsgericht wiederholt mögliche Grenzen der Aufhebung bundesdeutscher Staatssouveränität markiert. Sie soll z. B. in Grundrechtsfragen nur *so lange* auf Eis gelegt und der verfassungsgerichtlichen Grundrechtsprüfung entzogen bleiben, wie die europäischen Institutionen, insbesondere der EuGH, einen im wesentlichen gleichen Grundrechtsschutz gewährleistet wie bundesdeutsche Institutionen und Gerichte (vorrangloser Grundrechtsvorbehalt).

Den zweiten »Kadi«-Fall vom Januar 2008 hat dann der Generalanwalt der letzten Instanz – inzwischen gibt es einen zweigliedrigen Instanzenzug – des europäischen Gerichtssystems, der portugiesische Jurist Miguel Poiares Maduro, zum Anlaß genommen, mit einer analogen Urteilsbegründung eine ähnliche Grenze europäischer Staatlichkeit nach außen zu markieren. Er hat der internationalen Gemeinschaft und ihrem Zentralorgan, dem Sicherheitsrat, erklärt, *solange* die internationale Gemeinschaft nicht über einen der EU vergleichbaren, gerichtlich gesicherten Grundrechtsschutz verfüge, nehme der EuGH von Fall zu Fall sein Recht der Überprüfung möglicher Grundrechtsverletzungen in Anspruch. Also eine negative »Solange«-Entscheidung, in der der Grundrechtsvorbehalt der Europäischen Union gegen die internationale Gemeinschaft wirksam geworden ist. Ohne es zu sagen, signalisierte der EuGH damit gleichzeitig dem BVerfG und allen anderen gliedstaatlichen

Höchstgerichten, daß die EU, was das grundrechtliche Kernstück der Verfassung angeht, ein ebenso gut geölter Rechtsstaat ist wie die Bundesrepublik und alle andern Rechtsstaaten dieser Welt, in Sachen Recht ebenso wie in Sachen Staat.

Gut ein Jahr später nahm das BVerfG dann seinerseits den Lissabon-Vertrag, den es, trotz eher symbolischer Stärkung der deutschen Parlamentsrechte, unbeschadet durchgehen ließ, zum Anlaß, in unübersehbarer Schärfe und unter ständigem Gebrauch des Wortes »Souveränität«, das im Grundgesetz gar nicht vorkommt, eine markant hervorstechende, wenn auch kaum änderungsfeste rote Linie um die deutsche Staatssouveränität bzw. das, was von ihr noch übrig ist, zu ziehen. Im weichen Medium symbolischer Politik hat das Gericht unmißverständlich signalisiert, im Zweifelsfall habe die Staatssouveränität Vorrang, auch wenn gar kein Grundrechtsvorbehalt geltend gemacht werden kann. Das war unüberhörbar, wie schon frühere Urteile, auch an das Luxemburger Gericht adressiert.

Dem Muskelspiel aus Souveränität und nationalem Vorrang, das schon im Urteil mit gegenläufigen Argumenten garniert war, ließ der Präsident des deutschen Verfassungsgerichts, Andreas Voßkuhle, fast auf den Tag genau ein Jahr später einen auf englisch verfaßten wissenschaftlichen Artikel über den Europäischen Verfassungsgerichtsverbund folgen.[208] Er hatte nur einen, nicht erwähnten Adressaten: den EuGH. Sein einziger Zweck war nachbessernde Schadensbegrenzung. Das Donnerrollen des Leviathan, das S-Wort, das das BVerfG in seinem »Lissabon«-Urteil so selbstherrlich herausposaunt und so lange variiert hatte, daß man schon glauben konnte, einer evolutionären Mutation beim Lesen beizuwohnen, wird grundgesetzkonform gar nicht mehr erwähnt. Kein einziges Mal. Voßkuhle bemüht sich, in der fachlichen Interpretation des eigenen Urteils den offenen und ausbalancierten Status quo ante zwischen den obersten Gerichten Europas und seinen Staaten wiederherzustellen. Statt des präpotenten Letztbegründungsanspruchs rückt sein Präsident das BVerfG ins Glied des Europäischen Verfassungsgerichtsverbunds zurück.

Auf diese Weise können die europäischen Gerichte *Anwendungsvorrang* und *Wirksamkeit* behaupten und entgegenstehendes, nationales (Verfassungs-)Recht derogieren, ohne damit bereits eine Art *Letztentscheidungsbefugnis* an sich gerissen zu haben. Umgekehrt können nationale Gerichte als Hüter von *Demokratieprinzip* und *Grundrechten* agieren, nicht aber als Hüter *substantieller Staatlichkeit* der Übertragung von Hoheitsrechten durch den demokratischen Gesetzgeber Grenzen ziehen wie im »Lissabon«-Urteil.[209] Mit dem Urteil hatten die Verfassungsjuristen dann auch ihre liebe Mühe. Sie mußten den aufgescheuchten Berufspolitikern aufwendig erklären, daß ihr Urteil die – dem *Kantian mindset* juristisch unbefangener Leser offensichtliche – Konsequenz nicht habe, beim nächsten Übertritt über die rote Linie müsse eine neue Verfassung her, mit Referendum und allem Drum und Dran. Der *managerial mindset* des Verfassungsgerichts als Red Adair im Bundestag und seiner Lobby.

Der europäische Verfassungsgerichtsverbund verringert die Anzahl und Heftigkeit der Konflikte nicht, aber *Konflikte integrieren*, und zwar sowohl normativ (sozial) wie funktional (systemisch).[210] Sie integrieren (1) *normativ*, sofern im jeweiligen Macht-Diskurs der Diskurs nicht vollständig vermachtet wird, sondern für Argumente offenbleibt, so daß beispielsweise Gerichte sich in ihrem Streit an *postkonventionellen, im Diskurs selbst erzeugten Rechts- und Verfassungsprinzipien* orientieren können, die sie, ans Gesetz gebunden, dem positiven Recht entnehmen müssen und die sich mit diesem ändern.[211] In Urteilen, Pressemitteilungen und juristischen Abhandlungen werden instrumentelle Zwecke unter diplomatisch verschwiegener Androhung konfligierender Entscheidungen verfolgt und mit Argumenten, die, egal ob sie instrumentell gemeint sind oder nicht, sich dem nichtinstrumentellen und gewaltfreien Zwang des besseren Arguments aussetzen müssen, so daß im Diskurs der Gerichte die kommunikative Rationalität der Argumente keineswegs mit den mal mehr, mal weniger offensichtlichen, strategischen Absichten im Machtkampf öffentlicher Gewalten verschmelzen, sondern – Mißverständnisse, die die Regel bestätigen, eingeschlossen – *unterscheidbar bleiben* und *unterschiedliche*, illokutionäre und perlokutionäre *Wirkungen* haben.

Die Gerichte können und konnten dabei die (für Staatsrechtler und Hobbesianer, nicht aber für Systemtheoretiker) überraschende Entdeckung machen, daß Konflikte auch (2) *funktional* integrieren, weil *diskursive Heterarchie, in der sich Macht und Einfluß mit dem zwanglos zwingenden Zwang des besseren Arguments verschränken*, die funktionalen Stabilisierungsleistungen (vermeintlich) deduktiver Hierarchie um so deutlicher überbietet, je komplexer die Gesellschaft ist. Kein Zufall, daß sich der U.S. Supreme Court auf der Grundlage reflexiv verdoppelter Souveränität hier schwertut, obwohl die Probleme, die er sich mit einem subjektphilosophischen Souveränitätsverständnis in der komplexen Weltgesellschaft auflädt, ihn mittlerweile dessen funktionale Schwäche erkennen lassen.[212]

Dialektik deliberativer Demokratie

Doch die funktionale Stabilisierung hat einen Haken. Die deliberative Aufhebung der Einsamkeit des Gerichts durch den europäischen Verfassungsgerichtsverbund ändert nichts an der Substitution politischer durch rechtliche Integration. Die Kraft der Deliberation entfesselt zwar die kommunikative Rationalität der Gerichte und der juristischen Argumentation, was als realer *Konstitutionalisierungsfortschritt* zu Buche schlägt. Aber die funktionale Selbststabilisierung des entstehenden Verhandlungssystems schottet Gerichts- und Rechtssystem erst recht von den gesellschaftlichen Quellen demokratischer Legitimation ab.[213]

Konnte die breite Öffentlichkeit die Letztentscheidung eines höchsten Gerichts, das an der Spitze des (wie immer fiktiven) Stufenbaus des Rechts deutlich sichtbar thront und die Einheit des Rechtssystems repräsentiert, gut genug erkennen, um dessen Entscheidung zum Gegenstand wütender Proteste zu machen, soziale Bewegung zu mobilisieren und sie legislativ, notfalls mit verfassunggebender Gewalt, zu korrigieren – exemplarisch ist der (erfolgreiche) Kampf der Gewerkschaften, des Kongresses und des Präsidenten der USA gegen den Supreme Court und die geballte Macht der Wall Street in den dreißiger Jahren (Lochner-Ära, New Deal) –, so ist die wohlgeordnete Pluralität der Entscheidungen im Dschungel des europäischen Verfassungsgerichtsverbunds nur noch hochprofessionalisierten Spezialisten zugänglich.

Was sich aus deren Perspektive zu Recht als transnationaler *Fortschritt*: als »*De-fragmentierung* zwischenstaatlicher Beziehungen«, darstellt,[214] stellt sich aus der kantianischen Perspektive des Publikums als hoffnungslose *Fragmentierung des rechtsstaatlichen Alltagsbewußtseins* dar. *Bypassing public opinion*: »Die Heterarchie im Verfassungsgerichtsverbund hat darum vor allen Dingen auch einen Effekt: Es gibt keinen Ort mehr, an dem über den Gehalt der rechtlichen Grundordnung demokratisch entschieden werden könnte.«[215]

Durch diese Lücke demokratischer Legitimation, die mit wachsender rechtlicher Integration zwischen rechtlicher und politischer Integration immer weiter aufreißt, dringt der finanzgetriebene Kapitalismus in die sozialdemokratische Lebenswelt Europas ein, um sie mit Hilfe des auf Staatsanleihen fixierten Investitionskapitals der großen Versicherungsgesellschaften von innen zu kolonialisieren.[216] Das spiegelt sich im kulturellen Überbau der Brüsseler Behörden. Wenn man in Brüssel in irgendeiner Botschaft auf dem Podium sitzt, melden sich immer zuerst die Vertreter des Deutschen Industrie- und Handelstags, dann der Pressesprecher des nordrhein-westfälischen Energieriesen, dann folgen, schon etwas gebückter und zögerlicher, fast kritisch und intellektuell, die Politiker und Redenschreiber, dann angehängte Bürger, Ehefrauen und -männer der Lobbyisten und Regierungsvertreter, vielleicht sogar ein Parlamentarier, ein Mitglied der SPD oder ein französischer Sozialist, seltener eine dorthin delegierte Frau, nie ein Gewerkschaftsfunktionär. Deren Ausschluß funktioniert auch ohne Hayeks ausdrückliches Verbot.

Damit wird »das liberale Modell der Trennung von Staat und Gesellschaft« noch einmal »normativ« privilegiert.[217] Rechte reduzieren sich wie einst zu Benjamin Constants großer Zeit auf staatsbezogene Abwehrrechte und büßen ihren intersubjektiven, von vornherein auf öffentliche Regulierung, Koordination und wechselseitige Abgrenzung »kollidierender Freiheitssphären und Freiheitsansprüche Privater« gerichteten Charakter ein.[218] Der logische und begriffliche Schritt zur *Begründung* politischer durch menschliche Emanzipation, den die »horizontal vergesellschafteten Rechtsgenossen« mit der wechselseitigen Zuschreibung von Rechten schon vollzogen hatten, wird zurückgenommen.[219] Mit wachsender Integrationsdichte tritt die Asymmetrie zwischen der faktisch realisierten und judikativ gesicherten, privaten Autonomie und der bloß virtuellen Normativität politischer Autonomie immer deutlicher zutage. Sie setzt die sozialstaatliche Formation dem stetig wachsenden, in der Krise der siebziger Jahre verstärkten Druck eines »liberalen Wirtschaftsmodells« aus, dessen »gesellschaftstheoretische Annahmen [...] bereits durch die Marxsche Kritik erschüttert worden sind und auf die entwickelten postindustriellen Gesellschaften des westlichen Typs nicht mehr zutreffen«.[220]

Was aus der Perspektive des *managerial mindset* als funktionale De-Fragmentierung erscheint, muß dem *Kantian mindset* des Publikums als normative Fragmentierung erscheinen. Das ist schon deshalb kein falscher Schein, weil er seinen Grund in der *Entkopplung des deliberativen Gerichtssystems von der deliberativen Demokratie* hat, die das Gerichtssystem an das Gesetz bindet. Auch wenn solche Bindung, wie wir gesehen haben, »zur demokratischen Legitimation neuer Normen keineswegs mehr« hinreicht, »um demokratische Legitimation zu gewährleisten«, und deshalb der *Ergänzung* um ein deliberatives Gerichtssystem und neue Formen partizipativer und direkter Demokratie bedarf, die Bindung aller öffentlichen Gewalt ans Parlamentsgesetz bleibt doch die *notwendige Bedingung* demokratischer Legitimation.[221]

Die Herrschaft des Parlamentsgesetzes bleibt schon deshalb für jede demokratische, und das heißt strikt egalitäre Form deliberativer Demokratie unverzichtbar, weil sie, jedenfalls bislang, die einzige Form der Legislativgewalt ist, die halbwegs egalitäre Entscheidungen ermöglicht und nicht schon von vornherein die Bourgeoisie und die Besserweggekommenen privilegiert (wie in der Regel die direkte Demokratie oder partizipative Formen der Demokratie, sofern sie an die Stelle des Parlaments treten).

Ohne die Herrschaft des Parlamentsgesetzes wird aus deliberativer Demokratie *deliberativer Bonapartismus*. Deliberative Demokratie ist etwas anderes als der Diskurs, den Oberschichteltern inszenieren, um die Karrierechancen ihrer Kinder jenseits des öffentlichen

Schulwesens deliberativ einzuhegen und auch noch die ganze örtliche Tierwelt ins öffentliche Recht bürgerschaftlicher Rechte einzubeziehen. Aber diese unverächtlich progressive Sorge um die eigenen Kinder und die Einbeziehung des Anderen, die den Anthropozentrismus dezentriert, ist nur dann mehr als eine nostalgische Spätform bürgerlicher Sentimentalität, wenn die sozialen Voraussetzungen stimmen, die soziale Schere sich nicht gleichzeitig immer weiter aufspreizt und die Kinder der Arbeitsemigranten allein in den unterfinanzierten öffentlichen Schulen sitzen bleiben.

Kurz: Deliberative Demokratie gibt es dann und nur dann, wenn es eine normativ wirksame, verfassungsrechtlich durchsetzbare Kopplung gibt von

A. sozial inklusiver, *öffentlicher Deliberation*, die keine *Stimme* ausschließt, weder

1. *ökonomisch* – durch pekuniäre Erpressung (Investitionsstreiks; Investitionsentscheidungen, die gegen öffentlich-rechtliche Herrschaft immunisiert sind etc.) –, noch

2. *politisch* – durch Gebrauch informeller Macht (Bologna-Prozeß, Barcelona-Prozeß, Europäischer Rat, Basler Ausschuß für Bankenaufsicht etc.) – , noch

3. *rechtlich* – durch diskriminierende Normen/faktischen Entzug von Rechten (Apartheid) – , noch

4. *sozial* – durch entmutigende Ungleichverteilung von gesellschaftlichem Reichtum, Einfluß und Lebenschancen –, noch

5. *kulturell* – durch kollektives *silencing* –,

und

B. *egalitärer Dezision*, die niemanden (1) ökonomisch,

(2) politisch, (3) rechtlich, (4) sozial oder (5) kulturell von Wahlen und Abstimmung fernhält.

Schaut man auf diesen Katalog, sieht es schlecht aus um die Verfassung der deliberativen Demokratie in Europa *und* seinen Gliedstaaten. In dem Maße, in dem die parlamentarische Herrschaft der einen Bürgerschaft und der vielen Völker Europas angesichts der übermächtigen Hegemonie aus ordoliberaler Wirtschaftsverfassung und individualistischer Rechtstaatsverfassung an Gewicht verliert, verliert auch die progressivste Grundrechtejudikatur jeden »fairen Wert« (Rawls). Die vor dem europäischen Gericht erstrittenen *Antidiskriminierungsgewinne entwerten sich selbst, wenn sie um den Preis der egalitären Massendemokratie, die auf der sozialen Inklusion der jeweiligen Gesamtbevölkerung basiert, erkauft werden müssen*. Die deliberative Demokratie hat eine unabdingbare materielle Voraussetzung, *die sie nur selbst erzeugen kann*. Sie besteht in der sozialistischen (demokratischer Sozialismus) oder doch zumindest sozialstaatlichen (demokratischer Kapitalismus) *Vergesellschaftung der Produktionsmittel*.

Die *egalitäre* Ausübung öffentlicher *und* privater Autonomie setzt (1) schon auf der abstrakten Ebene der Rechte, die sich »Bürger gegenseitig einräumen müssen, wenn sie ihr Zusammenleben mit den Mitteln positiven Rechts legitim regeln wollen«, demokratisch erzeugte und ausgestaltete »Grundrechte auf Gewährleistung von Lebensbedingungen« voraus, »die in dem Maße sozial, technisch und ökologisch gesichert sind, wie dies für eine chancengleiche Nutzung der [...] bürgerlichen Rechte unter gegebenen Verhältnissen jeweils notwendig ist«.[222] Diese *logische* Voraussetzung mußte und muß aber (2) im demokratischen Klassenkampf auf der Straße und im Parlament jeweils *historisch* eingeholt und (3) durch demokratische Gesetzgebung so *verwirklicht* werden, daß der umweltblinde Imperialismus des kapitalistischen Systems und der exekutiven Staatsapparate – Habermas' »Kolonialisierung der Lebenswelt« – durch demokratische Selbstbestimmung aufgehoben und damit die *Herrschaft* der im Kapital vergegenständlichten »toten Arbeit« über die »lebendige Arbeit« (Marx) ebenso gebrochen wird wie die Herrschaft der toten Macht des Exekutivapparats, die Hannah Arendt »Gewalt« nennt, über die »lebendige Macht des Volkes«.[223]

Wenn die deliberative Demokratie diesen Kampf sozialer Gruppen und Klassen um die Selbsterzeugung ihrer eigenen materiellen Existenzbedingungen (vollständige soziale Inklusion, Vergesellschaftung der Produktionsmittel) verliert, weil ihre *kommunikative Macht* zu gering ist, um die Subsumtion der lebendigen Arbeit unter das Kapital und der lebendigen Macht der politischen Öffentlichkeit unter die Funktionsimperative der Exekutivgewalt aufzuheben, dann werden alle verbleibenden und hinzugekommenen Antidiskriminierungs- und Grundrechtsgewinne zu Schranken gegen die, die von ihrem Genuß ausgeschlossen sind. Die von der progressiven Welt in der Nacht, als Obama gewählt wurde, vergossenen Tränen verwandeln sich in selbiger Nacht zu Krokodilstränen. Der Kantische Enthusiasmus, dem die Wahl als Geschichtszeichen menschlicher Emanzipation galt, regrediert ohne öffentliche Krankenversicherung zu »empowerment light«, in Europa nicht anders als in Amerika.[224] In einem »Commission Staff Working Paper« erklärt die EU-Kommission, Ziel der »EU Consumer Strategy« für die Jahre 2007 bis 2013 sei es, »die EU-Konsumenten zu befähigen (empowering), ihr Wohlbefinden (welfare) zu maximieren und ihre Wettbewerbsfähigkeit und Innovationoffenheit zu steigern«.[225] Wettbewerbsrecht. Wettbewerbskommissar. Wettbewerbsfähigkeit. Mit wachsendem Druck des globalisierten Kapitals und der transnational vernetzten Exekutivgewalt (Exekutivföderalismus) auf den Sozialstaat kommt es zur *sozialen Selektion* von Veränderungen, die schon bald einer neuen, postdemokratischen Gesellschaftsformation den Weg bahnen könnten.

Zusammenfassend: Zwar zeigt unsere Rekonstruktion der drei Perspektivenwechsel (a) bis (c), wie sich der *Kantian constitutional mindset* im Prozeß der inkrementellen Konstitutionalisierung, die eine ungeplante Nebenfolge der professionellen Praxis des *managerial mindset* ist, *auch* verwirklicht und als *Verfassungsnorm* eine jeweils existierende, vernünftige Gestalt annimmt, die nicht (rechtshegelianisch) mit der (unvernünftigen) *Verfassungswirklichkeit* im ganzen verwechselt werden darf.

Zieht man den hegemonialen Zustand der letzteren in Betracht, so sieht man sofort, daß Mr. Hyde die Differenz aufmerksam beobachtet und zum Gegenangriff genutzt hat. Zwar steigern und stabilisieren die *checks and balances* oberster nationaler und transnationaler Gerichte die *postkonventionelle Diskursivität* der europäischen Rechtsstaatsverfassung, aber das geschieht wiederum *auf Kosten der parlamentarischen Legislativgewalt.*[226]

In einer reinen Wirtschafts- und Rechtsstaatsverfassung bleibt das *öffentliche Leben* der selbstbestimmten europäischen Bürgerschaft auf den abgeschirmten Bezirk des *öffentlichen Rechts*, in dem Experten und individuelle Kläger sich begegnen, beschränkt. In so einer Lage bleiben *subjektive Rechte*, die Bürger sich, wenn es nach dem normativen Gehalt demokratischer Verfassungen geht, wechselseitig selbst einräumen, *indem* sie diese Rechte legislativ ausgestalten und dadurch erst zu (demokratisch erzeugten) *Grundrechten* machen, eine öffentlich unsichtbare, kontrafaktische Konstruktion des Rechts, die es schon römischen Sklaven erlaubt hatte, ihre Herren vor Gericht zu vertreten, *als ob* sie selbst freie Herren wären.[227] Das ist nicht nichts, aber nicht genug für die Demokratie, und es war auch nicht genug, wie die Geschichte lehrt, für die Abschaffung der Sklaverei:

> »You could create rights and afford judicial remedies to slaves. The ability to go to court to enjoy a right bestowed on you by the pleasure of others does not emancipate you, does not make you a citizen. Long before women and jews were made citizens, they enjoyed direct effect.«[228]

Die Vollendung des Rechtsstaats ohne republikanische Selbstgesetzgebung war auch schon für Kant nicht die Abschaffung, sondern die Perfektionierung des Absolutismus durch den *managerial mindset* der leidigen Tröster. Mr. Hyde schießt das 4:2. Dr. Jekyll ist deutlich in Rückstand geraten, hat aber die Partie noch nicht verloren.

3. Politische Verfassung

Da alle öffentliche Gewalt in einer Demokratie nicht nur vom Volk *ausgeht*, sondern von ihm – *nicht allein in* Legislativorganen, sondern auch in Gerichten, Regierungen und Verwaltungskörperschaften (in Wahlen *und* Abstimmungen) – *ausgeübt* wird, wie es Art. 20 Abs. 2 des Grundgesetzes (und *jede* vergleichbare Verfassung) verlangt, hat auch der rechtliche Vollzug *privater* Autonomie eine *öffentliche Seite*. Wer klagt, muß, ob er will oder nicht, vor Gericht die *öffentliche Gewalt* des Volkes durch die Tätigkeit von dessen judikativem Organ als Prozeßteilnehmer *mitvollziehen*. Auch der private Kläger wirkt durch seine Klage an der *Konkretisierung* der Gesetzes*texte* zur Rechts*norm* mit.[229]

Auf dieser Ebene der privaten Autonomie, auf der sich die Wirksamkeit europäischer Bürgerrechte auf die Stufe der Rechtsstaatsverfassung beschränkt, ist die Mitwirkung am Prozeß individualisierter Selbstgesetzgebung relativ einfach. Sie ist *relativ* einfach, weil es zum öffentlichen Vollzug privater Autonomie »nur« einer *ausdifferenzierten Gerichtsbarkeit ohne Parlament und Regierung* bedarf. Man muß nur ausreichende und effektive Klagemöglichkeiten haben und kann dann selbst entscheiden, ob man klagt (und die Unionsbürgerrechte zum Zuge kommen läßt) oder nicht (und sich auf die Staatsbürgerrechte beschränkt) und in jedem Fall positiv oder negativ an der normativen Konkretisierung der Rechte mitwirkt – ob man will oder nicht.

Das hat in der Europäischen Union auch vorzüglich geklappt, ging aber – und das ist der Haken an der Sache – zu Lasten der *checks and balances* zwischen der Judikativgewalt und den andern öffentlichen Gewalten, insbesondere der parlamentarischen Legislativgewalt. Durch den judikativ verengten Blickwinkel, der für Juristen nicht untypisch ist, wird die »Idee demokratischer Ordnung zu einem individuellen Anspruch auf möglichst demokratische Mitwirkung« verdünnt, und die auf individuelle Legitimation verkürzte Demokratie wird zum marktkonformen »Optimierungsgebot, frei zur Abwägung mit allem und jedem«.[230]

Die mit der ordo- und neoliberalen Wirtschaftsverfassung angestrebte (s. o.) und durch judikative Hegemonie absichtslos stabilisierte *Ungleichgewichtigkeit der demokratischen Gewaltengliederung* verstärkt die vom kapitalistischen System der Ökonomie verursachte *asymmetrische Verteilung von Macht, Geld und Einfluß* zugunsten der jeweils herrschenden Klassen. Der Gleichheitssatz wird zur Ideologie. Genau das verletzt, wenn es unten ankommt, den *sense of justice* der beherrschten Klassen, der ihr wesentlicher Anteil am *Kantian mindset* ist.[231] Wenn, um mit Ernst Bloch zu reden, die »Mühseligen und Beladenen« sich als »Erniedrigte und Beleidigte«, als *indignados* wahrnehmen, zündet der revolutionäre Funke.[232] Freilich »marschieren«, wie Bloch sogleich realistisch ergänzt, die sozialen Klassenformationen der *Mühseligen und Beladenen* und der *Erniedrigten und Beleidigten*, wie bei Blücher im preußischen Schulbuch, zwar »getrennt«, aber »leider nicht vereint«.[233]

Für die Aufhebung der ökonomisch erzeugten Asymmetrie im Verhältnis *erwerbsabhängiger* Klassen (Weber) gilt umgekehrt, daß sie die Erneuerung genau der demokratischen Legislativgewalt zur *notwendigen* Voraussetzung hat, die einst die Französische Revolution »gemacht hat« (Marx).

Also rappelt Dr. Jekyll sich auf, artikuliert im *ersten Anlauf* auch ohne Aufstand der Massen den wachsenden Bedarf an öffentlichem Recht in einer parlamentarischen Versammlung, die sich frühzeitig selbstbewußt zum Parlament erklärt und Verfassungsentwürfe (Spinelli) vorlegt, ohne damit bei den selbsternannten Herren der Verträge oder gar bei der europäischen Öffentlichkeit Gehör zu finden. Aber die rationalisierende Eigenlogik des *Kantian mindset* nötigt den *managerial mindset* immerhin, auch bei der technischen Lösung von Funktionsproblemen auf *normative und verfassungsrechtliche Gründe* zurückzugreifen.

Eine Reihe von Faktoren und Entwicklungen kommen der rationalisierenden Eigenlogik des *Kantian mindset* entgegen:

(1) Die gleichzeitige Aktivierung und Radikalisierung der *managerial* Praxis des Europäischen Gerichtshofs für Menschenrechte, der sich seit Mitte der siebziger Jahre auf die zunehmende Konstitutionalisierung des Europarechts durch den EuGH stützen konnte, verstärkt ab Ende der Siebziger den normativen Druck, die politische Autonomie der Union durch Parlamentarisierung zu vollenden. Menschenrechte, Kernelemente des *Kantian mindset*, lassen sich nicht so einfach wie das Zivilrecht von Demokratie und politischer Autonomie abtrennen. Auch dieser evolutionäre Wandel des europäischen Gerichtssystems, der zu einer immer engeren

Kooperation des Menschenrechtsgerichts des Europarats, der EU-Gerichtsbarkeit und der nationalen Verfassungsgerichte führen sollte, vollzog sich weitab der Öffentlichkeit, wurde aber durch den öffentlichen Mentalitätswandel, den die globalen Studentenunruhen seit den sechziger Jahren bewirkt hatten, überhaupt erst möglich. Der Königsweg von Großbritanniens pädagogischer Disziplinarmacht, der Rohrstock in der Ecke jedes Klassenzimmers, wurde in der Entscheidung »Tyrer v. United Kingdom« 1978 vom Europäischen Gerichtshof für Menschenrechte verboten.[234] Zurückdrängen der Gewaltschranke im Recht.

(2) Die *vorlaufende Evolution des transnationalen Gerichtssystems* ist deshalb, wie sich hier erneut zeigt, *nicht nur* ein gefundenes Fressen für den Vorstand der Deutschen Bank und die andern Global Players der Gated Communities, sondern sie erzeugt auch in der diffusen Öffentlichkeit der Open Communities, deren Bevölkerung zu Hause geblieben oder von den Global Players vertrieben und um die Welt gejagt worden ist, wachsende Rechtfertigungs- und Legitimationsprobleme, die sich mit zunehmender Normdichte, Ausstrahlung und Durchgriffstiefe des transnationalen Rechts sukzessive verschärfen.[235]

(3) Dem korrespondiert der »normative Sinn des Demokratieprinzips« (Habermas), der schon am Beginn der modernen Demokratie, in den feierlichen Erklärungen und Gesängen der Verfassungsrevolutionen des 18. Jahrhunderts, *auf Universalisierung dringt.*[236] Er ist in fast alle nationalen und internationalen Verfassungsdokumente der Gegenwart, wie auch in die Gemeinschafts-

und Unionsverträge Europas als normativer Constraint eingebaut, um die Unterwerfung von Demokratie und Verfassung unter den Mythos des Staats zu verhindern.[237] Die modernitätstypische Kombination aus republikanischer Selbstbestimmung und universellen Rechten trennt die Demokratie vom Staat und treibt sie über dessen Grenzen hinaus. Wenn ihre Zeit gekommen ist, wird die »nicht stillbare Tendenz« der Demokratie »zur Dezentrierung« und zur Überschreitung »jeder historisch gezogenen Grenze« zum *daseienden Widerspruch der Demokratie gegen den Staat.*[238]

(4) Auch dieser Ursprung der Verfassung der Bürgergesellschaft, die dem modernen Staat vorausgeht, ihn sich unterwirft und gegebenenfalls aufhebt, ist der großen etatistischen Verdrängung des 19. Jahrhunderts zum Opfer gefallen und erst in jüngster Zeit mit therapeutischen Effekten rekonstruiert worden.[239] Kelsen, der seit 1911 immer wieder versucht hat, das Verdrängte, auch mit Hilfe der Psychoanalyse, ins Bewußtsein zu heben, blieb ein einsamer Rufer in der Wüste der affirmativen Staatstheorie.[240]

(5) Die siebziger Jahren bringen das transnationale Potential des parlamentarischen Prinzips von links und rechts, von Regierung und Opposition langsam zu Bewußtsein.[241] Dem kommt die jüngst entdeckte, bis ins späte 18. Jahrhundert zurückreichende weltgesellschaftliche Steuerung sowohl der *formalen Konvergenz* wie der, nach 1945 einsetzenden, *politischen Differenzierung* nationaler Verfassungsregimes in »libertäre« und »sozialistische« Parteien entgegen.[242] Was überall in der gleichen Formation und Textgestalt erscheint, erweist sich

als evolutionäre Errungenschaft, die die Evolution zur Bildung übergreifender Cluster anregt.[243]

Und siehe da, es geht. Dr. Jekyll setzt 1979 im *zweiten Anlauf* die Direktwahl des Europaparlaments durch und schickt im *dritten Anlauf* Mr. Hyde, den Spezialisten für graduelle und inkrementelle Evolution, zwanzig Jahre in parlamentarische Kommissionen, den Ort, wo er zu Hause ist. Das Ergebnis kann sich sehen lassen.

Wie Phillip Dann gezeigt hat, hat sich das Parlament in dieser Zeit eine ähnlich starke Stellung im Gefüge der europäischen Organgewalten erarbeitet wie das Repräsentantenhaus im amerikanischen System der Gewaltengliederung. Das gilt natürlich nur für das Verhältnis des Parlaments zu Kommission, Ministerrat und Gerichten, nicht für das zum gleichzeitig immer mächtiger werdenden europäischen Rat der Präsidenten, Premierminister und Kanzler, der seinen Machtzuwachs mehr seiner informellen Stellung als seinen formellen Kompetenzen verdankt.[244] Das europäische Parlament hat zwar keine Kompetenz, die europäischen Organe an das Gesetz zu binden, das es – wie das Parlament von Westminster oder (durch den Bundesrat sehr viel eingeschränkter) das deutsche Bundesparlament – aus eigenem Gutdünken und Entschluß erzeugen könnte. Aber es *formt* durch seine über Kommissionen vermittelte Verhandlungsmacht die gesamte europäische Gesetzgebung, auch die, zu der es gar keine Kompetenzen hat.[245] Das funktioniert nach dem Muster, wenn ihr nicht macht, was wir im Bereich A wollen, blockieren wir mit unserm Veto die Entscheidungen B, C und D, die ihr für A unbedingt braucht. So erweitert das Parlament Zug um Zug sein *faktisches* Initiativrecht, das dem *formellen* der Kommission kaum nachsteht, die sich auf der andern Seite mit dem »komitologisch« gewachsenen, ebenfalls *faktischen* Initiativrecht des Ministerrats arrangieren muß und ohnehin unter dem Dauerdruck des Europäischen Rats steht, seine informellen Ratschläge nach dem Muster des *senatus consultum* (s. o.) in Gesetzesinitiativen umzusetzen.[246] Die Stellung des Parlaments gegenüber der Kommission ist deshalb viel stärker als die des Bundestags gegenüber der Bundesregierung, die jederzeit eine fraktionsgebundene Parlamentsmehrheit auf ihrer Seite weiß.[247] Wie das US-Repräsentantenhaus ist das Europäische Parlament, abweichend vom Westminster-Paradigma, kein *debating parliament*, kein Debattierclub, sondern ein *controlling parliament*, ein Herrschaft ausübendes Parlament. Es übt diese Herrschaft, wie das Repräsentantenhaus der Vereinigten Staaten, in einem semiparlamentarischen System aus. Dort hat es formell zwar weniger, faktisch aber viel mehr Macht und Einfluß als das formal souveräne, durch gubernative Gesetzgebung aber marginalisierte Parlament der *talking heads* von Westminster und Berlin.[248]

Mit der Schaffung – Dr. Jekylls *vierter Anlauf* – des ordentlichen, an Parlamentsbeteiligung gebundenen Gesetzgebungsverfahrens im Vertrag von Lissabon wird das Parlament, vom formellen Initiativrecht und der zumindest formell nach wie vor eingeschränkten Allkompetenz abgesehen, endgültig zu einem auch formell starken Parlament im System der europäischen Gewaltengliederung – wiederum abgesehen von der prärogativen Sonderstellung des auch nach Lissabon nur schwach institutionalisierten, aber zur europäischen Organgewalt promovierten Europäischen Rats.[249]

Mit der – Dr. Jekylls *fünfter Anlauf* – Beteiligung des Parlaments am Vertragsänderungsverfahren (und dem intergouvernementaler Änderung entzogenen Bestand an Rechten und Organen der Union) entsteht ein *pouvoir constituante mixte*, der die Bürger nötigt, auch als verfassunggebende Gewalt beide Perspektiven, die der Staats- und die der Unionsbürger, zu verschränken und wechselseitig in Rechnung zu stellen.[250]

Die *politische Verfassung* vollendet die *strukturelle Kopplung von Recht und Politik*. Auch hier tritt der Unterschied des europäischen Verfassungsrechts zum reflexiv gestuften »We, the people« der US-amerikanischen Verfassungen deutlich zutage. Die Konstruktion zweier in prozedural verbundenen und individuell getrennten Rollen agierender Bürgerschaften macht Europa zu einer Bundesgenossenschaft von Völkern, die selbst kein zweiter Staat über oder unter den Gliedstaaten ist.

Die Europäische Union kennt deshalb nicht nur – wie die Vereinigten Staaten – *reserved powers* der Gliedstaaten (vgl. dazu den Zehnten Zusatzartikel zur US-Verfassung), sondern auch deren *reserved constituent powers*, die den Staatsvölkern vorbehalten bleiben. Das freilich geht nur, und hier wird die symmetrische Ordnung in den Beziehungen von Staats- und Unionsbürgerrolle erneut wirksam, in einem *europarechtlich geordneten und europäisch organisierten* Austrittsverfahren. Während alle *Staatsgewalt* nach wie vor von den jeweiligen Staatsbürgern ausgeht und ausgeübt wird, müssen sie sich die *öffentliche Gewalt* bis hin zur konstituierenden Ausübung ihrer Staatsgewalt mit allen Unionsbürgern teilen – mit rechtlichen Konsequenzen nicht nur im Falle von Ein- und Austritt, sondern auch im Falle von Verfassungskonflikten, die, wie jüngst in Ungarn, durch eine im ganzen neue Staatsverfassung entstehen können.[251] Dr. Jekyll verkürzt kurz vor dem Halbzeitpfiff und liegt jetzt nur noch mit 3:4 Toren zurück.

Aber nirgends, und schon gar nicht unter der fortbestehenden Hegemonie der Wirtschaftsverfassung, ein Fortschritt ohne Dialektik. Mit wachsender Macht des Parlaments sinkt die nie sehr hohe Wahlbeteiligung auf dramatische Tiefpunkte. Der Trend ist freilich derselbe wie in den Wahlen zu den nationalen Parlamenten, auch hier geht die Wahlbeteiligung überall in Europa und den USA in denselben Proportionen zurück, und die Hegemonie der Wirtschaftsverfassung trägt ihren gewichtiger werdenden Teil dazu bei, daß es so bleibt. Die dadurch induzierten Legitimationseinbußen haben jedoch mit einem spezifischen Demokratiedefizit des Europäischen Parlaments nichts zu tun, denn die Wahlbeteiligung sinkt überall in kausaler Abhängigkeit von wachsender sozialer Differenzierung (s. u.).[252]

Eine nicht zu leugnende Besonderheit des Europäischen Parlaments ist jedoch das nahezu vollständige Fehlen eines außerparlamentarischen öffentlichen Lebens. Um die Nachricht von der Stärke des Europaparlaments zu verbreiten, bedurfte es juristischer und soziologischer Forschung, hochspezialisierter Arbeit und wissenschaftlicher Publikationen wie der oben zitierten von Phillip Dann, die nur von einer zwar öffentlichen, aber winzigen Diskursarena rezipiert werden. Zu den wenigen Personen, die damit vertraut sind, gehören neben den Experten und ihren einsamen Lesern nur noch die Straßburger Parlamentarier und die Politiker und Sekretäre der Kommission und des Ministerrats, die unter der wachsenden Macht des Parlaments zu leiden haben. Am Ohr der breiten, diffusen, aber politisch immer noch unbezähmbaren Öffentlichkeit ist die Nachricht von der neuen Macht ihres Parlaments vorbeigegangen wie ein schicker neuer Bypass an der alten, verkalkten Ader.

Im Jahr 2003 artikulierte sich zwar, in Opposition zu Tony Blairs und George W. Bushs Überfall auf den Irak, erstmals eine europäische Öffentlichkeit. Aber erstens bezog sie sich auf ein globales Thema und war von der globalen Opposition gegen diesen Krieg nur um Nuancen unterscheidbar; und zweitens spielte das Europäische Parlament für die Artikulation der öffentlichen Meinung und die Bildung einer weltbürgerschaftlichen, verfassunggebenden Gewalt keine öffentlich wahrnehmbare Rolle.

Das änderte sich auch 2005 nicht wesentlich, als die Kampagne zum französischen Referendum, das den Verfassungsvertrag scheitern ließ, zumindest in Frankreich erstmals eine politisch aktive europäische Öffentlichkeit erzeugte, die nationale Wahlkampagnen emotional und argumentativ weit in den Schatten stellte und auf ganz Europa ausstrahlte. Sie hatte nicht nur Europas politische Verfassung unmittelbar zum Thema, sondern im »Nein« der Franzosen und Holländer wurde sie *als europäische verfassunggebende Gewalt wirksam*. Für einen historischen Augenblick trat europäische Politik an die Stelle europäischer Polizei. Dr. Jekyll zeigte dem transnationalen Establishment die »ungeheure Macht des Negativen« (Hegel), die es für eine Sekunde erschauern ließ. Der bloß verdrängte emanzipatorische Anfang meldete sich wortreich zurück und verlangte nach einer *Verfassung* der europäischen Demokratie und des europäischen Sozialstaats, nicht nach einer Dienstleistungsrichtlinie, die dazu bestimmt war, die Lohnstückkosten zu senken und überflüssige Arbeitskraft unterhalb ihres Existenzminimums zu versenken, höhnisch angepriesen als Konsumentendemokratie: »empowering EU consumers to help them maximize their welfare, as well as to drive competition and innovation«.[253] Maximieren, konkurrieren, innovieren.

Doch die Macht des Negativen wurde von der immer enger vereinigten politisch-ökonomischen Klasse des Kontinents in einer »Denkpause« erstickt. Der öffentlichen Deliberation wurde fünfjähriges Schweigen verordnet. Alles wurde hinter verschlossener Tür nochmals unter Dach und Fach gebracht, der Verfassungsvertrag ohne Fahne und Hymne weitgehend wörtlich übernommen, bis eines schönen Tages nach langer Verhandlungsnacht Frau Merkel am 14. Mai 2008 vor die laufenden Kameras trat, um dem verdutzten Publikum unverblümt zu erklären, sie und ihr »Freund Sarkozy« hätten sich geeinigt, das Ding »nicht mehr Verfassung, sondern Reformvertrag« zu nennen, weil sich nur so »ein weiteres französisches Referendum« mit all seinen häßlichen Debatten und seinem schrecklichen Populismus, der die Menschen draußen im Lande verwirren würde, »vermeiden« ließe. Statt einem Ding, das *Verfassung* heißt, haben wir nun eine Verfassung, die *Vertrag über die Arbeitswei-*

se der Europäischen Union heißt. *Managerial mindset at its best.* Mrs. Hyde, Angela Merkel, hat recht. Es soll jetzt nur noch um technisches Verfassungsorganisationsrecht gehen und nicht mehr um Machbarkeitsillusionen, feierliche Erklärungen und Gesänge.

Doch 2010, als die Krise des europäischen Finanzmarkts manifest und als sie von der schwäbischen Hausfrau aus dem Osten schnell in »Staatsschuldenkrise« und »griechische Gier« umgetauft wurde, war es vorbei mit der entpolitisierten Politik des kommunikativen Beschweigens. Erstmals entstand eine genuin europäische Öffentlichkeit, in der das Parlament eine nach wie vor bescheidene, aber öffentlich sichtbare Rolle spielt. Die Griechen schrieben die Parole von gestern auf den Tempel von vorgestern, und sie klang wie von morgen: »Workers of Europe, unite!« Der Präsident des Europäischen Parlaments, den man eingeladen hatte, am belanglosen Teil der Beratungen des allmächtigen Europäischen Rats mitzuwirken, blieb sitzen, als es zur Sache ging und er gebeten worden war, den Saal zu verlassen. Auch wenn die Interaktionen noch den Gesten gleichen, die die Gesten der großen Revolutionen in einer Farce kopieren, gibt es jetzt eine fortlaufende Interaktion zwischen Europaparlament und europäischer Öffentlichkeit. Sie ist noch schwach, hat aber immerhin schon bewirkt, daß das Europäische Parlament sich auf Druck der außerparlamentarischen Öffentlichkeit dazu entschlossen hat, das marktkonforme – Nur keine Störung des Flugverkehrs! – Abkommen zur Übermittlung von Fluggastdaten öffentlichkeitswirksam abzulehnen.[254]

Auf den letzten Angriff von Dr. Jekyll in der 45. Minute der ersten Halbzeit folgt in der Nachspielzeit allerdings ein schneller Konter Mr. Hydes. Das Bundesverfassungsgericht hatte nämlich in seinem ansonsten schaurigen »Lissabon«-Urteil eine nur schwer zu korrigierende Legitimationsschwäche des Parlaments ganz richtig erkannt. Sein Wahlmodus verstößt gegen das demokratische Prinzip »one man, one vote«. Nur wenn dieses Prinzip eingehalten wird, sind alle Wähler gleich repräsentiert. Das Prinzip kann aber aus technischen (Mehrheitswahlrecht, Größe der Wahlbezirke, Auf- und Abrundung, Sperrklauseln usw.), historischen (Gruppenkompromisse usw.) und normativen Gründen nicht eins zu eins umgesetzt werden. Normativ kann es ungerechte Wirkungen haben, weil sich nicht alle Wähler in strukturell gleichen Lebensbedingungen vorfinden. Wähler einer bestimmten bevölkerungsarmen Region könnten z. B. gar nicht repräsentiert sein. Wie dem auch sei, eins zu eins wird das Prinzip der Wahlrechtsgleichheit in keiner Demokratie der Welt umgesetzt, und oft sind die Abweichungen, wie beispielsweise in den USA, massiv. Auch die Bundesrepublik erfüllt das Kriterium nicht, müssen doch zwei Drittel aller Parlamentsbeschlüsse durch den Bundesrat bestätigt werden, um Gesetzeskraft zu erlangen. Im Bundesrat, in dem die bevölkerungsungleichen Länder gleichmäßig vertreten sind, herrscht aber eine mindestens ebenso hohe Wahlrechtsungleichheit wie im EU-Parlament. Bei zwei Dritteln aller Bundesgesetze, die Bundestag und Bundesrat gemeinsam entscheiden, liegt also immer noch eine erhebliche Wahlrechtsungleichheit vor. Gerechtfertigt war sie als fairer Kompromiß zwischen Bund und Ländern, aber diese Rechtfertigung ist angesichts des Bedeutungsverlustes der Länderparlamente kaum noch plausibel.

Das Problem bleibt jedoch das quantitative Ausmaß, in dem das Europäische Parlament von der Wahlrechtsgleichheit, die durch die Formel »one man, one vote« zum Ausdruck gebracht wird, abweicht. Die Stimme eines maltesischen Abgeordneten hat zwölfmal so viel Gewicht wie die seines deutschen Kollegen. In einer parlamentarischen Versammlung verschiedener Völker (wie im Europarat) wäre ein Ungleichgewicht von 12:1 kein Problem. Aber das Europäische Parlament ist nicht länger ein Parlament der vielen Völker, sondern der einen europäischen Bürgerschaft, und da stellt der Faktor 12 ein massives Legitimationsproblem dar, das nur schwer korrigierbar ist. Die Verzerrung der Repräsentationsverhältnisse weicht deutlich von der in den USA, der Schweiz oder der Bundesrepublik ab, wo die Verzerrung im eigentlichen Parlament nicht über den Faktor 1,4 hinausgeht. Diese massive Verzerrung der Repräsentationsverhältnisse um den Faktor 12 ist ein negatives Alleinstellungsmerkmal des Europaparlaments.[255] Während die inkrementelle Evolution die parlamentarische Versammlung der Völker, als die das heutige Parlament 1957 gegründet wurde, längst in ein gesetzgebendes Parlament der europäischen Bürgerschaft im ganzen verwandelt hat, ist das parlamentarische Wahlverfahren in der alten Form einer parlamentarischen Völkerversammlung zurückgeblieben, in der die Repräsentation der nationalen Kollektivsubjekte derjenigen der individuellen Wähler vorhergeht. Die nationale Politik hat den faktischen, rechtlichen und dann auch vertraglich fixierten Fortschritt der Parlamentarisierung Europas nicht hinlänglich nachvollzogen und blockiert so die Vollendung des parlamentarischen Systems in der Union.

Das schwächt seine demokratische Legitimation, ohne sie jedoch ganz zu beseitigen. Ohne ein egalitär halbwegs, zumindest besser als jetzt legitimiertes Parlament ist das Riesenprojekt Dr. Jekylls, die europäische Liberalisierungsmaschine zu stoppen und den europäischen Sozialstaat nach Ende der Gesprächsbereitschaft der Vorstandsvorsitzenden und Anteilseigner *gegen* das transnationale Kapital und seine politische Klasse *durchzusetzen*, nicht zu stemmen. Dann aber ist auch der Versuch, vom nationalen Sozialstaat zu retten, was zu retten ist, in einer Welt globalisierter Märkte zum Scheitern verurteilt. Jede wählbare und nur deshalb politisch ernsthaft diskutierbare Alternative zur kapitalistisch kontrollierten Demokratie (s. u.) wäre innerhalb des Verfassungsrahmens der Nationalstaaten und der Union ein für allemal blockiert.

Die Wahlrechtsungleichheit des Parlaments könnte jedoch durch politisch aktive, gesamteuropäisch aufgestellte Parteien und Wahlkämpfe, die ihre nationalen Segmente programmatisch überbieten, zumindest nicht mehr so erbärmlich trostlos unterbieten wie bisher, wenigstens teilweise kompensiert werden. Das könnte dann auch völlig neue Perspektiven auf eine Änderung des Wahlrechts erschließen, wenn der parlamentarisch vermittelte öffentliche Druck stark genug wird.

Es käme dabei nicht darauf an, *one man, one vote* in Europa durchzusetzen, was die berechtigten Interessen der kleinen Länder und benachteiligten Regionen mißachten würde. Im Sinne einer Art *affirmative action* kennt auch das Grundgesetz die Möglichkeit von Grundmandaten für bestimmte Gruppierungen wie Regionen oder Schwerpunktparteien, sofern zwingende Gründe bestehen, wie z. B. die unverhältnismäßige Benachteiligung bestimmter Gruppierungen *durch* Wahlrechtsgleichheit (§ 6 Abs. 6 BWahlG). Ein Beispiel ist die Partei der dänischen Minderheit in Schleswig-Holstein, der SSW, die von der Fünfprozentklausel ausgenommen ist.[256] Wohl aber müßte der Vorrang der Repräsentation nationaler Kollektivsubjekte vor individuellen Wählern, des nationalen Völkerwahlrechts vor dem europäischen Bürgerwahlrecht langfristig durch den *Vorrang des Bürgerwahlrechts* ersetzt werden. Das könnte mit Reformen beginnen, die den Faktor 12 schrittweise nach unten korrigieren, aber von vornherein entsprechende Ausnahmen für kleine Länder nach dem Muster von § 6 Abs. 6 BWahlG zulassen.

Das ist nicht undenkbar. Um ein realistisches Szenario zu konstruieren, könnte sich schon im aktuellen Europawahlkampf und der anschließenden Legislaturperiode eine Fraktion aus Ländern und politischen Parteien des europäischen Südens bilden, die auf eine gleichberechtigte Beteiligung des Europäischen Parlaments an den rein exekutiv verwalteten, quasidiktatorischen Sonder-Regimes der Troika,[257] der EZB und des Europäischen Stabilitätsmechanismus (ESM) drängt. Das wäre natürlich ganz im Interesse des abgehängten europäischen Südens, der von der Wahlrechtsungleichheit des Europäischen Parlaments profitiert.[258] Außerdem gibt es im Parlament

Parteien und Fraktionen, die unabhängig von ihrer jeweiligen nationalen Herkunft, also auch im Norden, die segensreichen Wirkungen der Troika-Diktate und neoliberalen Strukturreformen ebenso skeptisch sehen wie (vermutlich) die Mehrzahl der Abgeordneten aus dem Süden des Kontinents. Das wiederum könnte die Staaten des hegemonialen Nordens motivieren, der Parlamentsbeteiligung und *sozialen* Reformen (statt der einseitigen Austeritätsprogramme) unter der Bedingung einer Reform des europäischen Wahlrechts zuzustimmen, das die Wahlrechtsungleichheit schrittweise abbaut. So würde ein fairer Kompromiß denkbar, der dann die Parlamentsmacht ein weiteres Mal erhöht. Der letzte Schritt zur vollständigen Parlamentarisierung der Union würde schließlich nicht mehr technisch, sondern im Kampf um die öffentliche Meinung, politische Mehrheiten und parlamentarische Gesetzgebung *politisch* entschieden werden müssen.

Hätte, würde, wenn – im Konjunktiv ist der letzte Konter Mr. Hydes nicht zu stoppen. Mr. Hyde verwandelt die paßgenaue Vorlage des deutschen Höchstgerichts mit dem Pausenpfiff zum 5:3.

4. Sozial- und Sicherheitsverfassung

Die seit 1979 bis zum endgültigen Vollzug der strukturellen Kopplung von Recht und Politik im parlamentarischen Gesetzgebungsverfahren von 2009 fortschreitende Parlamentarisierung der Union verdichtet das Zusammenspiel der öffentlichen Gewalten Europas so weit, daß erste Konturen einer *sozialstaatlichen Verfassung* erkennbar werden (*strukturelle Kopplung von Recht und Sozialsystem*).[259]

Schon zur Zeit der ersten Direktwahlen zum Parlament war die »grenzüberschreitende ökonomische Verflechtung [...] so weit fortgeschritten, daß die Eskalation nationaler Protektionismen nicht nur das Ende der Union bedeuten, sondern auch die europäische Wirtschaft geradewegs in die Katastrophe stürzen müßte«.[260] Damit war die Debatte um ein *europäisches Sozialmodell* unabweisbar geworden.[261] Eine stabile, egalitäre Massendemokratie ist ohne eine zumindest partielle Vergesellschaftung der Produktionsmittel und die Absenkung sozialer Differenzen unter das legitimationskritische Niveau kaum vorstellbar. Der kausale Zusammenhang zwischen sozialer Differenzierung und Demokratie ist empirisch zweifelsfrei erwiesen.[262] Wächst die soziale Ungleichheit, verschwindet die Demokratie. Reduziert sich die soziale Ungleichheit, verwirklicht sich die egalitäre Massendemokratie auch in einer sehr armen Gesellschaft. Ich komme im fünften Kapitel darauf zurück.

Schon in der Ära des Kommissionspräsidenten Jacques Delors wurden – in scharfer Opposition zu dem seit Thatchers und Reagans Wahlerfolgen stürmisch vorandrängenden Neoliberalismus – konkrete Pläne für eine europäische Sozial- und Konjunkturpolitik geschmiedet und teilweise spruchreif. Unter Beteiligung des Parlaments wurden im Zuge der Einführung des Euro auch die Normen des Verbraucher-, Umwelt- und Arbeitsschutzes zusammen mit der Vollendung des Binnenmarktes harmonisiert.

Auch der EuGH hat – neben der und zum Teil gegen

die marktkonforme Generallinie – eine eigene, sozial inklusive Rechtsprechung entwickelt. Exemplarisch sind die Urteile zur Personenfreizügigkeit europäischer Bürger und ihrer Familien. Durch sie wurde die ursprüngliche Reduktion auf festangestellte Vollzeitbeschäftigte von Fall zu Fall auf Teilzeitarbeit, Lehrverhältnisse, Berufssportler, Studenten, Prostituierte, schließlich auf *homeless people* und zuziehende Migrantenkinder ausgedehnt.[263] Der funktionale Wirtschaftsbürger wurde im Vollzug des *managerial mindset* juristischer Experten als kantianischer Staatsbürger anerkannt.

Schließlich entwickelte der Lissabon-Vertrag eine inflationäre Solidaritätsrhetorik, die zwar peinlichst auf Solidarität zum Nulltarif bedacht, trotzdem aber *ausgestaltbar*, eben (mit Kant) Recht und nicht Philanthropie ist. Das sind erste, graduelle Schritte zur Aufhebung der sozial atomisierten politischen Emanzipation in den intersubjektiv erweiterten *Kantian mindset* der menschlichen Emanzipation in Europa.[264] Dr. Jekylls Team erzielt, gleich nach dem Wiederanpfiff erneut den Anschlußtreffer und verkürzt auf 4:5.

IV. You can make it more complicated

Alle Fortschritte sanfter, vergleichsweise kostenneutraler Sozialstaatsbildung waren jedoch von Anfang an vom immer länger werdenden Schatten einer beständig verbesserten Liberalisierungsmaschine begleitet.[265] Die nie durchbrochene Hegemonie der Wirtschaftsverfassung – kaum hat Dr. Jekyll gleichgezogen, kommt der Konter Mr. Hydes – hat dazu geführt, daß mit wachsender Integrationsdichte und -tiefe die Herrschaft des Wettbewerbskommissars in Gestalt anonymer, aber hochsensibler Märkte gewachsen und in Gegensatz zum Steuer- und Umverteilungs-, Nationalisierungs-, Regulierungs- und Planungsstaat getreten ist. Im Effekt verwandelt sich die in den Gliedstaaten bereits »existierende Gerechtigkeit« (Habermas) in ihr Gegenteil.[266] Märkte sind Informationssysteme. Sich selbst überlassen, löst jedes Gerücht Panik aus. Die Herrschaft des Verdachts, die der freie Markt unabsichtlich auslöst, läßt den Wohlfahrtsausschuß der Französischen Revolution als vollendeten Rechtsstaat erscheinen.

Mit den Rechtssachen »Dassonville« und »Cassis de Dijon« macht der EuGH sich 1974, also ein Jahr nach dem gewaltsamen Beginn des neoliberalen Großexperiments in Chile, und dann 1979, drei Jahre nach der gewaltsamen Ausweitung des chilenischen Experiments auf Argentinien, zum Wohlfahrtsausschuß der europäischen Märkte.[267] Gewalt- und geräuschlos vollzieht er, was sich zuvor gewaltsam und lärmend angekündigt hatte. In den folgenden Jahrzehnten versinkt die sozial progressive Rechtsprechung des EuGH wie eine Träne im

Meer der Marktwirtschaft, während die zahlreicher werdenden marktradikalen Urteile, wie jenes in der Rechtssache »Keck & Mithouard« (1993),[268] die Urteile von 1974 und 1979 konstitutionalisieren und, wie »Viking« (2007) und »Laval« (2008), erweitern und die Grundrechte der Freiheit der Märkte unterwerfen.[269] Treffend hat Norbert Reich das Urteil »Keck & Mithouard« vom 24. November 1993 (stellvertretend für den Rest der Serie) die »Novemberrevolution des Europäischen Gerichtshofs« genannt.[270]

Europäische und nationale Grundrechte werden durch die europäische Markt- und Eigentumsfreiheit eingeschränkt und nicht umgekehrt, wie es rechtstaatlich und demokratisch – und ganz im Sinne der normativen Constraints des *Kantian mindset* – geboten wäre. Das zwingende Allgemeininteresse des Arbeitnehmerschutzes, das nationale Ausnahmen rechtfertigen könnte, wird so eng ausgelegt, daß im Zweifelsfall selbst die deutsche Mitbestimmung europarechtlichen Vorgaben weichen müßte.[271] Seit der globalen und europäischen Wende der achtziger Jahre beginnt Europas Verfassung mehr und mehr einer Investorenverfassung zu gleichen, die Binnenmarktfreiheiten zu Beschränkungsverboten, Marktzugangsrechte zu Abwehrrechten des Kapitals, Gleichbehandlungsrechte zu einem allgemeinen Interventionsverbot für marktfremde Mächte radikalisiert.[272] Am Ende gilt, daß Demokratie, Rule of Law und Gleichheit »nur in dem Maße verwirklicht werden, in dem sie der Schaffung des gemeinsamen Markts dienen«.[273] Das war auch die Freiheitsidee, die das ideelle Interesse begründet hatte, das George W. Bush unter den Klängen des Fox-Kanals in den Irakkrieg trieb. Mr. Hyde stellt den alten Abstand wieder her, und es steht 6:4.

Nachdem das Verfassungsreferendum in Frankreich, das dem abgestorbenen öffentlichen Leben des Landes neue Energien zugeführt und erstmals eine europaweite und massenwirksame Verfassungsdebatte provoziert hatte, im Frühjahr 2005 gescheitert ist, treten die Konturen eines *neuen Regimes des öffentlichen Lebens* zutage.[274]

Die politische Klasse hat von Luhmann gelernt. Sie weiß seit kurzem, was seit Marx unstrittig ist, nämlich daß nicht der Staat die Gesellschaft, sondern die Gesellschaft den Staat hervorbringt. Und sie hat gelernt, daß Politik ein globales Funktionssystem und Staaten und internationale Organisationen deren Subsysteme sind. Schließlich hat sie, hat vor allem die grün-rote Sozialdemokratie gelernt, daß es nicht mehr *klassenbewußt* auf die soziale Differenz im Produktionsprozeß ankommt, sondern *umweltbewußt* auf die ökologische Differenz von System und Umwelt. Smart wie sie ist, hat die Kanzlerin denn auch gleich nach Fukushima die Kraftwerke abschalten lassen und Luhmanns Rat befolgt, sich um die Folgen ihrer Umweltpolitik für die wachsende soziale Differenz keinen Kopf zu machen, ist der demokratische Klassenkampf doch sowieso der Schnee von gestern und die soziale Differenz die, mit der wir leben müssen.[275] Schließlich hat die politische Klasse gelernt, daß man das Funktionssystem der Politik am sichersten gegen seine bürgerschaftliche Umwelt abgrenzt, wenn man den Menschen draußen im Lande gar nichts sagt und *white noise* mit *white noise* beantwortet. Der Sicherheitsgürtel aus Talkshows, Nachrichtensendungen, Internetportalen und Printmedien, der sich um das politisch-ökonomische System gelegt hat, singt das immer gleiche Lied der Wettbewerbsfähigkeit und der notwendigen Strukturreform, das alle Nachrichten übertönt, die vom Anstieg der griechischen Kindersterblichkeit und der Drogentoten um vierzig Prozent seit Beginn der Austeritätspolitik berichten.[276] Das neoliberale Regime des öffentlichen Lebens hat sich seit Ende der achtziger Jahre im Hin und Her zwischen *managerial mindset* und alltäglichen Interessenkämpfen inkrementell, schrittweise, evolutionär etabliert, wurde im *embedded journalism* des Irakkriegs als politisch gelenkte Kriegsberichterstattung ausprobiert und hat sich unter dem mentalen Druck der neoliberalen Episteme auch ohne jede Zensur erdoberflächendeckend durchgesetzt. Es spiegelt die Sozialstruktur des finanzgetriebenen globalen Kapitalismus. An der transnational vernetzten Spitze wird mehr verdient als je zuvor, während die freien Journalisten unten von ihrem Job nicht mehr leben können.[277] Wen wundert es da noch, wenn selbst die hochbezahlten Moderatoren des öffentlich-rechtlichen Politfernsehens in enger Partnerschaft mit einer privaten Firma wie »Top-Job« in den Ring steigen, um die Nachfolge des Arbeits- und Wirtschaftsministers der rot-grünen Koalition anzutreten. Als »Mentor« der Agentur mit dem Namen »Mentor der besten Mittelständler« kürt der öffentlich-rechtliche Moderator dann die »100 besten Arbeitgeber« in einem Auswahlverfahren, das die Medien Geld und Wahrheit einträglich kombiniert, indem es die Unternehmen für die Auswahl zahlen und diese dann von einer »weltweit anerkannten Eliteuniversität« wissenschaftlich legitimieren läßt. Die von der Troika aus öffentlich-rechtlichem Moderator, privater Firma und Eliteuniversität gekürten »besten unter Deutschlands Arbeitgebern« dürfen dann mit dem öffentlich-rechtlichen Politmoderator als ihrem Mentor in die Werbeschlacht ziehen.[278]

In dem erneuerten Regime repressiver Toleranz kann überall alles gesagt und geschrieben werden, aber jede Artikulation politischer Alternativen verschwindet aus dem Horizont des öffentlichen Lebens, sobald sie in das gefährliche Stadium parlamentarischer Wähl- und Entscheidbarkeit tritt.[279] Öffentliche Kontroversen über die wenigen wirklichen Alternativen, die noch hinter verschlossenen Türen verhandelt werden, sind »nicht hilfreich« (Westerwelle).[280] Postdemokratie bedeutet Abkopplung der öffentlichen Deliberation von der nicht öffentlichen Beschlußfassung, während die öffentliche Beschlußfassung zum Ritual erstarrt, dessen Ausgang von vornherein feststeht, ein »Drama, das richtige und gerechte Entscheidung« bloß »symbolisiert«, um den, »der nicht zustimmt, thematisch und sozial so zu isolieren, daß sein Protest folgenlos bleibt«.[281] Sozial noch so inklusive Deliberation verpaßt, wenn kaum noch Alternativen zur Wahl stehen, den Anschluß an die egalitären Entscheidungsverfahren der Demokratie. Der Zug des allgemeinen Wahlrechts wird immer leerer und Parlamentarismus zum Schauprozeß.[282]

Die im Internet möglich gewordene Gegenhegemonie demonstriert zwar ein weiteres Mal die Hilflosigkeit von Zensur und Überwachung nach der Evolution neuer Medien. Sie zersetzt das hegemoniale Regime an den

Rändern, fügt sich aber auch als neuer Markt in die neoliberale Ökonomie, wird deren Aushängeschild und bleibt politisch bislang ohne oppositionelle Kontur. Das kann sich natürlich jederzeit und sehr schnell ändern. Piratenpartei und Akzelerationismus, die jüngste Gestalt der Situationistischen Internationale, sind erste Signale, daß auch das neueste Disseminationsmedium wie alle seine Vorgänger (Schrift, Buchdruck) revolutionäre Effekte haben könnte. Aber ob daraus eines Tages ein Sturm auf die Bastille wird, bleibt von der jeweiligen Konstellation von Ideen und Interessen abhängig. Neue Medien ändern nichts an der Tatsache, daß alle Geschichte immer noch die »Geschichte von Klassenkämpfen« (Marx) ist, in denen es um »materielle« und »ideelle Interessen« (Weber) geht.

Nach dreißig Jahren Lob der Marktfreiheit und nach Jahrzehnten des Mobbings von Politik und Staat durch global gleichgeschaltete Medien ist es kein Wunder, wenn die Leute den Bankern, die ihnen mit allen erdenklichen legalen und illegalen Tricks das Geld aus der Tasche ziehen, auch noch *nach* dem 15. September 2008, als Lehman Brothers zusammenbrach, mehr trauen als den eher biederen und vergleichsweise wenig korrupten Politikern. Das letzte große Polizeiaufgebot, das Beweise für die Tätigkeit einer kriminellen Vereinigung sicherstellen sollte, stand im Dezember 2012 vor der Deutschen Bank in Frankfurt und nicht vor dem Bundeskanzleramt. Der Chef der Bank hat gleich empört den Chef der Polizei, den hessischen Ministerpräsidenten, angerufen, um sich über die Mißachtung seiner informellen Immunität zu beschweren.

»Wem sollen wir denn jetzt noch trauen, nachdem der Schatten der Krise auch auf den Großen Vorsitzenden unserer größten Bank gefallen ist?«, fragt sich der Talkshow-Moderator, der seine Kinder längst vor dem öffentlichen Schulwesen in Sicherheit gebracht hat.

Doch schon zwei Wochen später war die Welt wieder in Ordnung, der Markt das Richtmaß aller Dinge, der private Spender der Held der westlichen Welt und die Steuer Straßenraub. Die zu proletarischer Adipositas neigenden Gewerkschaftsbosse wurden in den nächtlichen Runden wieder durch die braungebrannten Muskelschränke aus der boomenden T-Shirt-Branche ersetzt. Die smarte Nachrichtenmoderatorin, die alle Register ihres journalistischen Könnens zieht, wenn es darum geht, einen Parteivorsitzenden niederzumachen, der die Reichensteuer einführen möchte, fragt den Chefökonomen der großen Bank nach der jüngsten erfolgreichen Nachtsitzung der Troika, ob jetzt alles in Ordnung sei für die große Welt der Banken und ob sie mit dem gefundenen Kompromiß leben könnten. Als der Volkswirt antwortet, das müsse sie schon die kleinen Sparer fragen, denn bei uns, der Bank, entscheide immer noch der kleine Sparer, läßt die Moderatorin den Chefökonomen reden und reden und reden, wie wunderbar der kleine Sparer bei der Bank regiert und die Zeche selbst bestimmt, die er dann so oder so bezahlen muß.

Kein Wunder, wenn das neoliberale Regime des öffentlichen Lebens Soziologen und Sozialwissenschaftler aus seinen Redaktionen und Sendeanstalten vertrieben und durch Chefökonomen, Wirtschaftswissenschaftler, ernste Hirnforscher, Evolutionsbiologen und Gentechniker ersetzt hat, die dem Publikum immer wieder erklären, daß es zu den Naturgesetzen der universellen Marktwirtschaft und zur Steigerung der Wettbewerbsfähigkeit keine Alternative gäbe. *There is no alternative*. Dieses Motto war nicht Margaret Thatchers Idee, sondern die ihrer fleißigen Öffentlichkeitsarbeiter.

Überall fällt der erste Blick auf die neuesten Aktienkurse, überall erinnern die leuchtenden Pfade der Indizes an den ersten Lehrsatz des Chicagoer Neoliberalismus, das Auf und Ab des *shareholder value* bilde eins zu eins den Stand des Gemeinwohls ab, um sich ins Alltagsbewußtsein einer Mehrheitspopulation einzugraben, die nichts von ihm hat als Blasen. Die Volonté générale des »Freihändlers vulgaris« (Marx) erklärt die Ursache, die Finanz- und Wirtschaftskrise – eine schon lange entdeckte, zwangsläufige Folge deregulierter Märkte –, für die Wirkung und die Wirkung, die öffentliche Schuldenkrise, für die Ursache. Sie erklärt die Wirkung, die Schuldenkrise der Peripherie, zur Ursache der Krise des deutschen Bankensystems und die Ursache, die Krise des deutschen Bankensystems, zur Wirkung der Schuldenkrise der Peripherie.[283] Wissenschaftliche Reputation hat aufgehört, als Kontrollinstanz zu dienen, die im Zweifelsfall in der Münze der Wahrheit eingelöst werden muß. Sie ist an deren Stelle getreten, um die funktionale Differenz von Wirtschaft und Wissenschaft unkenntlich zu machen.

Jetzt zahlt sich das jahrzehntelange Staatsmobbing aus, die Leute, die es eigentlich besser wissen, glauben es auch noch, und die, die es nicht mehr glauben, gehen nicht mehr zur Wahl. Noch in selbiger Nacht, als die deutschen Grünen die Reichensteuer beschlossen hatten, hat ihr Spitzenkandidat sie verleugnet. Aber es half nichts, er mußte sich im Frühstücksfernsehn spitz fragen lassen, wo sie denn geblieben sei, die schreckliche Steuererhöhung. Ja, sie stehe noch im Programm, tue aber niemandem weh und werde als Altpapier rechtzeitig und umweltgerecht, wenn auch nicht gerecht – man kann eben nicht alles haben –, entsorgt.

Die epistemische Pathologie des globalen Neoliberalismus besteht in einer gigantischen Schuldumschreibung, die durch eine orwellsche Semantik gestützt wird. Sie macht Kommilitonen zu Klienten, die ihre seit tausend Jahren bestehende gleichberechtigte Mitgliedschaft in der universitären Körperschaft verlieren. Sie macht Patienten zu zahlender Kundschaft, die sich im Etablissement der Privatstation von den Sterneköchen des Erlebniskrankenhauses der Zukunft die letzte Mahlzeit anrichten lassen. Sie macht muffige und unkündbare Bahnbeamte, die sich mit Hegels allgemeinem Stand identifizierten, zu ICE-Managern, schneidigen Zugbegleitern und kundenfreundlichen Servicekräften, die sich unter dem Diktat jederzeitiger Kündigung der Corporate Identity eines wettbewerbsfähigen Marktteilnehmers, der statt des allgemeinen sein partikulares Profitinteresse über alle andern setzt, einpassen müssen. Thank you for travelling with Deutsche Bahn.

Stabilisiert wird das Überbau-Regime des öffentlichen Lebens wie nicht anders zu erwarten an der gesellschaftlichen Basis: durch strukturelle Kopplung an ein ebenso neuartiges wie aggressives »sich selbst steuerndes« *Austeritätsregime*.[284] Es macht die Herrschaft des Marktes und seiner ehernen Naturgesetze unumkehrbar und reduziert die des Parlaments auf »parlamentarische Mitbestimmung« in den Grenzen »marktkonformen« Verhaltens.[285] Auch die Bundeskanzlerin kann nicht immer mit dem Grundgesetz unterm Arm herumlaufen. Die einst mächtigsten Staaten der Weltgeschichte, die egalitären Massendemokratien, verwandeln sich »in Inkassoagenturen im Auftrag einer globalen Oligarchie von Investoren, verglichen mit denen C. Wright Mills' ›power elite‹ wie das leuchtende Beispiel eines freiheitlichen Pluralismus erscheinen muß«.[286]

Selbstversklavung des demokratischen Staats: Aus dem progressiv Steuern eintreibenden Herrn der Investoren wird ihr erster Schuldknecht. Aus demokratischem Kapitalismus wird kapitalistische Demokratie. Von den egalitären Massendemokratien bleiben Polizei und Biomacht. Für Europa ist die Stunde des kollektiven Bonapartismus gekommen. Er erscheint mit formellem Recht – wie einst Napoleon in der Nationalversammlung – im Europäischen Rat, um informell alle Herrschaftsgewalt an sich zu reißen. Aber es ist nicht Napoleon, sondern sein Neffe, dessen Verwandtschaft keiner Liebesnacht, sondern dem Code Civil der Großen Revolution entsprungen ist.[287] Jetzt erst wird die *selffullfilling prophecy* von Margaret Thatcher wahr: *There is no alternative*.

Das Regime der Austerität ist das Regime der Alternativlosigkeit, wie Fritz Scharpf nicht erst an Europa, sondern schon 1996 mitten in Deutschland richtig beobachtet hat:

»Wenn aber tatsächlich – um einen Ausdruck des niedersächsischen Ministerpräsidenten [das war damals Gerhard

Schröder – HB] zu zitieren – ›moderne Wirtschaftspolitik‹ nur noch auf Deregulierung, Flexibilisierung und Kostensenkung hinauslaufen kann, dann hat auch die Demokratie ihre Funktion verloren, *Akzeptanz für Wahlhandlungen der Politik zu sichern, die so oder auch anders getroffen werden könnten*. Dann läuft der demokratische Betrieb leer, degeneriert zum Medienspektakel ohne legitimierende Bedeutung. Eine solche Politik kann auch nicht mehr auf die Folgebereitschaft ihrer Bürger rechnen.«[288]

Die Lage, an der alle Alternativen abprallen, gleicht einem Sketch von Monty Python: »If you have guests, you can make games. All the guests are divided into two teams, A and B. And A are the winners. [...] Well, you can make it more complicated if you want to.« Präziser kann man den Unterschied von Demokratie und Postdemokratie nicht bestimmen, fängt letztere doch genau da an, *wo die Möglichkeit, es komplizierter zu machen, blockiert ist* und die Gäste der Talkshows die Teams bilden, die die Gewinner stellen.

Diese Einsicht treibt Dr. Jekyll zum schnellen Gegenangriff. Nach einem Doppelpaß wird er im Strafraum gemein gefoult. Mr. Hyde at his best. Der Schiedsrichter, *bypassing public opinion and public law*, pfeift das Spiel vorzeitig ab, ohne den fälligen Elfmeter und das Ende seiner evolutionären Laufzeit abzuwarten. Die Herren der Verträge marschieren auf und erklären Mr. Hyde zum Sieger, setzen ihn aber wegen kantianischer Umtriebe auf die Schwarze Liste und bereiten eine Anklage wegen Mißbrauchs der Macht des Negativen vor. Die Troika übernimmt das Ruder, *and the winner takes all*.

V. Ökonomischer Belagerungszustand

Die Blockade aller sozialstaatlichen und (in den skandinavischen Ländern in den siebziger Jahren schon weit fortgeschrittenen) sozialistischen Alternativen zum Regime der Austerität erklärt sich empirisch aus der rapide wachsenden *sozialen Ungleichheit*. Mit der Ab- oder Zunahme sozialer Ungleichheit – und nicht etwa mit der absoluten Armut – steht und fällt die soziale und egalitäre Massendemokratie des deutschen Grundgesetzes und aller vergleichbaren Verfassungen von den Vereinigten Staaten über Japan bis Frankreich und Norwegen, zu denen zumindest nominell auch die Verfassung der EU gehört. So bindet sich der Gesetzgeber des Grundgesetzes (Art. 20 Abs. 2, Art. 146) an die Verwirklichung der in Art. 3 Abs. 1 (Gleichheit vor dem Gesetz) in Verbindung mit Art. 20 Abs. 1 (»sozialer [...] Staat«), Art. 23 Abs. 1 (Bindung der Übertragung von Hoheitsrechten an soziale Grundsätze) und Art. 28 Abs. 1 GG (»sozialer Rechtsstaat«) festgelegten Sozialstaatsprinzipien.[289] Das Grundgesetz schreibt ausdrücklich vor, daß »alles, auch die ökonomische Ordnung zum Thema der Politik«, also der parlamentarischen Gesetzgebung werden kann: Ein »absoluter, feststehender, sozusagen von der ›Logik des Rechtsstaats‹ geforderter Inhalt des Eigentums [...] existiert nicht«. Das Eigentumsrecht ist nach Maßgabe des Grundgesetzes ausdrücklich »für gesetzgeberische Fortentwicklungen offenzuhalten«, die ihrerseits durch das Sozialstaatsprinzip verfassungsrechtlich programmiert sind.[290]

Darüber aber kann kein *Gericht* entscheiden, sondern

nur ein *Gesetzgeber*, der *alle* Gesetzesunterworfenen *tatsächlich* einschließt oder repräsentiert. Dieser muß das Kunststück fertigbringen, die entscheidende Existenzbedingung egalitärer Massendemokratie, die *soziale Gleichheit* bzw. die *Gleichheit der Lebensbedingungen*, durch Selbstgesetzgebung *selbst zu erzeugen*. Im Sinne einer demokratietheoretischen Alternative zum technokratischen Differenzprinzip von John Rawls könnte man sagen: Gleichheit der Lebensbedingungen heißt, daß die sozialen Differenzen immer nur so groß sein dürfen, daß sie keinen einzigen Gesetzesunterworfenen entmutigen, ihre oder seine bürgerlichen Rechte (privater und öffentlicher Autonomie) tatsächlich zu nutzen und auszuüben.[291]

Diese Bedingung kann unter dem Regime der Austerität schon deshalb nicht erfüllt werden, weil es darauf programmiert ist, sie aufzuheben. Mit der drastischen Absenkung der Sozialausgaben pro Kopf, die durch deren absolutes Wachstum statistisch nur verschleiert wird, kommt es zu einem massiven Rückgang der Sozialsubventionen, was dann zur nahezu vollständigen Privatisierung staatsnaher und staatlich regulierter Sektoren führt.[292]

Unter dem Regime der Austerität sinken, wie alle verfügbaren empirischen Daten zeigen, die Einkommen der unteren sozialen Klassen langsamer oder schneller. Gleichzeitig öffnet sich die Schere der sozialen Ungleichheit. Die obersten Einkommens- und Vermögensschichten werden immer reicher und zum *aktivsten Segment der Bürgerschaft*, während die unteren in Passivität und Apathie versinken und auf ihr Wahlrecht verzichten, weil es für sie keinen fairen Wert mehr hat. Je größer die soziale Differenz zwischen Ober- und Unterschichten, desto höher die Wahlbeteiligung der Oberschichten und desto geringer die Wahlbeteiligung der Unterschichten.[293]

Die Minorität an der Spitze der Einkommens- und Vermögenspyramide agitiert, votiert, mobilisiert und manipuliert zu fast einhundert Prozent (mit der Ausnahme des verschwindend kleinen Anteils aufgestiegener Arbeiterkinder) zugunsten von Steuersenkung, Deregulierung und der ganzen neoliberalen Palette.[294] Sie erreicht klassenkonforme Wahlbeteiligungen und -ergebnisse, die nur von Diktaturen mit 99,9 Prozent Wahlbeteiligung knapp überboten werden. Und sie wählen auch alle dieselbe Einheitspartei der großen oder kleinen Koalition rechts von der Mitte.

In den Oberschichten und oberen Mittelschichten wachsen mit zunehmender sozialer Ungleichheit nicht nur die Sorge um die Erhaltung und Erweiterung des eigenen Besitzes und die Bereitschaft, das Strafrecht im Eigeninteresse zu brechen, auch die Verachtung und Feindseligkeit gegen die, die es nicht soweit gebracht haben, wird immer aggressiver und rabiater, während es bei den Unteren erstaunlicherweise umgekehrt zu sein scheint.[295] Die Sieger im »friedlichen Kampf der Konkurrenz« (Marx) radikalisieren sich mit wachsender sozialer Ungleichheit bis weit nach rechts außen. Sarrazins Lesereise hat die Säle überall mit denen gefüllt, die das Glück am Arbeitsmarkt, an der Börse oder beim Testamentsvollstrecker vorerst vor dem Absturz in Prekarität und Exklusion bewahrt hat.[296] Die Hamburger Lumpenbourgeoisie, die ihre wertvolle Erbmasse nicht dem genetisch pathogenen Sozialisationsmilieu von Unterschicht- und Ausländerkindern aussetzen wollte, hat deswegen den Bürgermeister ihrer eigenen Klasse gestürzt.

So eignet sich das Regime der Austerität mit Thilo Sarrazin und Niall Ferguson die neosozialdarwinistischen Lehren vom egoistischen Gen und seinen heimischen, hellhäutigen und heterosexuellen Selektionsimperativen an. Der neoliberale britische Historiker Ferguson, der in Harvard unterrichtet, hat kürzlich das vorgebliche Desinteresse der Keynesianer an der Zukunft (mangelnder Spartrieb) aus Keynes' Homosexualität (mangelnde Reproduktionsfähigkeit) direkt abgeleitet. Das schwule Weichei hat die falschen Gene, keine Kinder, kein Interesse an der Zukunft und kontaminiert die Wettbewerbsfähigkeit des nationalen Genpools mit dem Glitzerkleid verführerischer Theorien.[297]

Währenddessen verharrt ein immer größer werdendes Segment der sozialen Unterschichten (*lower and under-classes*), in das immer größere Teile der Mittelschichten absinken, in *passiver Bürgerschaft*. Teilt man Köln nach sozialen Klassenkriterien in vier Segmente auf, dann wählen nur noch 43 Prozent des ärmeren Segments, während das reichste Segment der Stadt eine Wahlbeteiligung von 87 Prozent aufweist – und so wie in Köln ist es überall.[298] Doch die überwältigende Mehrheit der Bürger in den ärmsten Stadtbezirken und der unteren, halbexkludierten Schichten ist politisch – auch da läßt die Sozialforschung, deren negative Befunde aus dem Sozialbericht der Bundesregierung hastig gelöscht wurden, keinen Zweifel – für Steuererhöhungen, staatliche Regulierung und die ganze sozialistische Palette, von dem winzigen Bruchteil derer abgesehen, die für einen schrecklichen Augenblick ihre Passivität überwinden, um sich zum wählenden oder bewaffneten Arm der radikalen Rechten zu machen. Gleichzeitig sinkt bei den Ausgeschlossenen, wenig verwunderlich, das Vertrauen ins politische Führungspersonal und die demokratischen Institutionen und vergrößert sich das durch regulative (in allen OECD-Ländern: Abbau von Gewerkschaftsmacht und Kündigungsschutz) und distributive (in allen OECD-Ländern: sinkende Steuern und Sozialausgaben) Liberalisierung erzeugte Explosivpotential, das jederzeit auch nach rechts losgehen kann.[299]

Fazit: Es gibt ihn noch, den Gegensatz von rechts und links, aber er geht nicht mehr zur Wahl. Also werden die linken Parteien immer rechter, haben sie doch kaum eine Alternative, wenn sie den Kampf um schrumpfende Mehrheiten nicht gleich aufgeben wollen. Was immer sie tun, es ist das Falsche. Aber nicht als Tragödie, sondern als Farce.

Der Grund des *antiegalitären und entpolitisierenden Effekts wachsender sozialer Ungleichheit* ist nicht die absolute Armut, sondern – wie schon Marx richtig gesehen hat – die *Lage der sozialen Klassen zueinander*, also ihre Stellung im Klassenkampf. Nicht Mühsal und Beladenheit, sondern Erniedrigung und Beleidigung verwandeln die geladenen Waffen der Bürgerrechte in hölzerne Kindergewehre. In armen Ländern, in denen die unteren Klassen bei geringer sozialer Differenz ökonomisch weit schlechter dastehen als in einem reichen Land mit hoher sozialer Differenz, ist die Wahlbeteiligung der Unterschicht trotzdem hoch.[300] Bei hoher sozialer Ungleichheit gilt: (1) hohe politische Apathie, vor allem in den unteren Schichten,[301] (2) kein sozialer Aufstieg durch Bildung (trotz hoher Bildungsaufwendungen), (3) sinkende Lebenserwartung, (4) schlechte Gesundheit (bei gleichzeitig wachsenden Kosten für ein *unten* immer miserabler werdendes Gesundheits- und Versicherungssystem), (5) hohe Kriminalität, (6) hoher Anteil an Schizophrenie, Psychosen und andern Geisteskrankheiten.[302]

Die kausale Folge: In *allen* nationalen Parlamenten und im Europäischen Parlament steigt mit wachsender Ungleichheit der Pegel des Nichtwähleranteils so lange, bis er den Abgeordneten bis zum Halse steht.[303] Die *Parlamente* verlieren ihre legitimierende Kraft, und das schwächt wiederum die Organisationsmacht der abhängig Beschäftigten, die *Gewerkschaften*. Fatalerweise geschieht das genau in dem Augenblick, in dem die alten Klassenkonflikte wieder manifest werden, Konflikte, die zu Zeiten des national eingebetteten und wenigstens halbwegs demokratisch beherrschten »Spätkapitalismus« der vierziger bis Ende der siebziger Jahre so weit in die Latenz zurückgetreten und tatsächlich befriedet worden waren, daß andere motivations- und legitimationskritische Konfliktlagen (verlängerte Jugend, strukturelle Adoleszenskrise) in den Vordergrund treten konnten.[304] Es wird seit dreißig Jahren in der gesamten westlichen Welt kaum noch gestreikt. Ein Recht, das nie ausgeübt wird, ist ein totes Recht. Wo es noch nicht ganz soweit ist, ist das materiell wichtigste Grundrecht mehr und mehr zu symbolischem Recht mutiert, *law in the books*.

Die fatale Schwächung von Gewerkschaften und Parlamenten durch das doppelte Regime aus Austerität und öffentlichem Mobbing hat die Möglichkeiten des *demokratischen Klassenkampfes* auf die kommunikative Macht des Wortes, die nicht nichts ist, und die Ohnmacht des Pflastersteins, aus dem nur selten etwas wird, zurückgestuft.[305] Das ist zuwenig für eine Revolution und nicht genug, um den sozialen Klassenkampf *als* demokratischen Kampf *um* die Verfassung *in* der Verfassung halbwegs fair ausfechten zu können.

Bis zur Einführung des Euro schien es so, als wäre das immer komplexer werdende Institutionengefüge Europas nicht nur eine gewaltige Liberalisierungsmaschine, sondern mit wachsender Binnenkomplexität auch demokratischer geworden. Das Verfassungsspiel des *pouvoir constituant mixte* nahm bis zum Abbruch des Matchs, am Tag, als der Euro kam, das parlamentarisch verfaßte *Spiel von Regierung und Opposition um grundlegende Alternativen* vorweg. Dann aber kamen der Euro, das Regime des kollektiven Bonapartismus und des Marktdiktats.

Die »Reform« genannte Gegenreform wurde von Sozialdemokraten (Clinton, Blair, Schröder), die sich unter dem Beifall des Kapitals ihr eigenes Grab schaufelten, vollstreckt. Auf ihrem von Steinmeier und Müntefering ausgestellten Totenschein vom 1. August 2009 steht *Schuldenbremse* (Art. 109 Abs. 3, Art. 115 GG). Sie unterwirft die Sozialstaatsklausel des Grundgesetzes auf unabsehbare Zeit dem Regime der Austerität.[306] Sie erobert in wenigen Wochen ein Weltreich, übergibt alle Macht dem Direktorium der Troika und läßt die »treffliche Erfindung«, den ökonomischen »Belagerungszustand«, »die Tour durch Europa machen«, um die »bürgerliche

Gesellschaft ganz von der Sorge zu befreien, sich selbst zu regieren«.[307] Im Fall des historischen Napoleon war es nicht der ökonomische – damals war die bürgerliche Gesellschaft noch jung –, sondern der militärische Belagerungszustand. Das ist aber auch schon der ganze Unterschied. Ein Wechsel der Systemreferenz.

Wurden die schon von vornherein auf den Stimmenschwund links unten eingestellten Wahlkämpfe Clintons, Blairs und Schröders von vielen noch als letzte Hoffnung auf eine Alternative zur Herrschaft des universellen Wettbewerbskommissars gesehen, so endeten die Strukturreformen, die sie im Namen des Marktes vollstreckt haben, mit dem Ausruf Dantes: Laßt alle Hoffnung fahren!

Die letzte Hoffnung auf eine Umrüstung des Nationalstaats in eine Festung gegen die Globalisierung, wie Wolfgang Streeck, Jens Beckert, Fritz W. Scharpf und ihre Kollegen vom Kölner Max-Planck-Institut es so eindringlich vorgeschlagen haben, wurde mit Hartz IV zu Grabe getragen.[308] Da half auch das wackere, aber gegen den marktgetriebenen Gesetzgeber ohnmächtige Verfassungsgericht, das sich dem Trend entgegenstemmte, nichts. Marktkonform, auch da hat Merkel recht, ist das nationale Parlament eine starke Institution, und dient es auch nicht der menschlichen Selbstbestimmung, so doch der Mitbestimmung der politischen Klasse. Parlamentarismus als Schülermitverwaltung. Nur ein Kontinentalregime wie die Vereinigten Staaten brachte noch einen Präsidenten hervor, der im Belagerungszustand, mit dem die Wall Street ihn empfing, und im Angesicht des Sturms des Rassismus, der von der faschistischen Opposition gegen ihn entfesselt wurde, den Mut hatte, das sozialreformerische Jahrhundertprojekt der Universal Health Care bis zur Unterzeichnung des Gesetzes durchzustehen.

Im Rückblick sind Euro, Schuldenbremse und Troika die letzten Schritte eines Wegs, der mit dem politisch (Pinochet, Thatcher, Reagan) durchgesetzten »Epochenbruch« (Streeck) von 1973 begann, als das chilenische Militär im Namen des Monetarismus putschte, eine totalitäre Diktatur errichtete und das erste Großexperiment neoliberaler Reformpolitik startete, dem bald auch demokratische Groß- und Weltmächte unter Aufrechterhaltung der demokratischen Fassade folgten.[309] In jahrzehntelangen Klassenkämpfen, in »zeitlich gestreckten Prozessen graduellen Wandels«, im evolutionären Gerangel von *Kantian* und *managerial mindset* wurde der existierende Begriff des demokratischen Rechtsstaats dem postdemokratischen Regime der Austerität assimiliert.[310]

Aber auch ein »*schlechtes* Haus hat ein Dasein, das seinem Begriff nicht angemessen ist. Wäre es ihm aber nur nicht angemessen, so wäre es gar kein *Haus*.«[311] Freilich wird die Spur der Vernunft in einem schlechten Haus immer schwächer, und der *politisch inklusive* Verallgemeinerungsanspruch der Parlamente, im fairen Verfahren deliberativer Willensbildung nicht nur den *Mehrheitswillen*, sondern den *allgemeinen Willen* der gesetzgebenden Gesetzesadressaten zu erzeugen, beginnt sich zu verflüchtigen.[312]

Nicht besser erging es den Gewerkschaften. Ihr *sozial inklusiver* Verallgemeinerungsanspruch (es war immer nur ein Anspruch, aber ein gut begründeter), die Interessen *aller* Lohnabhängigen, einschließlich der Dauerarbeitslosen, wenigstens *virtuell* zu vertreten, schrumpfte auf das Niveau des Sozialismus in einer Firma. Der demokratische Gehalt von betrieblicher Mitbestimmung und *industrial citizenship* wurde durch globales Outsourcing und lokale Leiharbeit marginalisiert.[313] Daran änderte auch die Tatsache nichts, daß die Dezentrierung der Gewerkschaften bei weltmarktbeherrschenden Konzernen wie VW zu späten Erfolgen des Rätesystems geführt hat, von denen Rosa Luxemburg und Hannah Arendt nur hätten träumen können.[314]

Nichts geht mehr ohne den Betriebsrat von VW Wolfsburg, der die Stadt zur Sonderwirtschaftszone gemacht hat und zum Rückgrat der Unternehmensführung geworden ist. Nun aber ist er – fatale Dialektik – »bei Strafe seines Untergangs« (Marx) dem kapitalistischen Partikularinteresse des Konzerns verfallen, das er auf dem Weltmarkt durchsetzen muß, zum Wohl der eigenen, zum Weh aller andern Belegschaften und Gewerkschaftsvertreter, auch der von VW São Paulo. Der Preis des Sozialismus in *einem* Unternehmen ist die *Zersplitterung gewerkschaftlicher Solidarität*. Die Gewerkschaften können selbst ihren virtuellen Verallgemeinerungsanspruch kaum noch erfüllen, und das schwächt den *realen* der Parlamentsgewalt ein weiteres Mal.

Leider sind beide Verallgemeinerungsansprüche um den Preis der egalitären Massendemokratie und ihres öffentlichen Lebens, der lebendigen Macht des Volkes, von der Hannah Arendt gesprochen hatte, aufeinander angewiesen. Der Verallgemeinerungsmechanismus des Parlaments funktioniert (zumindest bislang) nur unter der sozialen Voraussetzung starker Gewerkschaften, und der gewerkschaftliche Verallgemeinerungsmechanismus nur unter der politischen Voraussetzung starker Parlamente. Ohne Parlament wird die Gewerkschaft zum Anhängsel der Einheitspartei, ohne Gewerkschaft wird das Parlament zum Anhängsel des Kapitals.

Für beide Verallgemeinerungsmechanismen gibt es bis heute *kein normativ adäquates Äquivalent*. In der Folge wächst das *Repräsentationsdefizit der Betriebsräte und Gewerkschaften* zusammen mit dem *Demokratiedefizit der Parlamente*, um sich zum selbstverstärkenden Teufelskreis wechselseitiger Rückkopplung zu schließen. Autopoiesis.

Ohne diese *beiden* Verallgemeinerungsmechanismen, den virtuellen der Gewerkschaften und den realen des Parlaments, kann man alle grünen Nachhaltigkeitsgewinne und alle bunten Antidiskriminierungsgewinne, die Obama an die Macht gebracht haben, die in Filmen wie *Berkeley in the Sixties* oder *Milk* so eindrucksvoll dargestellt werden und die auch die Rechtsprechung der Europäischen Gerichte mitbestimmt haben, vergessen.

Das alles ändert nichts an der normativen Errungenschaft der Europäischen Union, in der die Transnationalisierung und Individualisierung der Volkssouveränität *erstmals zur Existenz gekommen* ist. Blockiert wird die Entfesselung der kommunikativen Produktivkräfte aber durch die Liberalisierungsmaschine derselben Europäischen Union, die seit Einführung des Euro nicht nur ein Gericht, sondern auch eine Währung ohne Regierung und Parlament hat. Das wollte damals keiner der politischen Akteure.[315] Wer es sich sehnlichst wünschte, aber kaum zu hoffen wagte, es zu bekommen, waren der Chefökonom, die Bank, der Investor und die Versicherungsgesellschaft. Jetzt war ihr Wunsch in Erfüllung gegangen: Entmachtung von Parlament und Regierung, Verabsolutierung der Judikativgewalt, Reduktion von Politik auf Geldpolitik. Der falsch institutionalisierte Euro nahm den armen Ländern nicht nur die Möglichkeit, sich durch das Instrument der Abwertung gegen das Unrecht ungleicher Verteilung des Reichtums zu wehren, er reduzierte ihre politischen Steuerungsinstrumente auch auf kapitalkonforme Mikroökonomie und Betriebswirtschaft.[316]

Mit der *doppelten Entmachtung von Parlament und Regierung* durch das *Gericht* und die *Zentralbank* scheint das Schicksal des demokratischen Klassenkampfes und des ihm verbundenen Parlamentarismus in Europa besiegelt. Der politische, kulturelle, ökonomische und juristische Kampf materieller und ideeller Gruppeninteressen wurde von *sozialer* auf *nationale* Differenz umgepolt.[317] Und genau daran würde die Wiedereinführung der nationalen Währungen oder irgendeiner technisch äquivalenten Form der nationalen Selbstbestimmung des Wechselkurses (Abwertungsmöglichkeit) *nichts ändern*.[318]

Das Instrument der Abwertung hat nämlich einen Haken, den Streeck und Scharpf beflissentlich beschweigen. Die Abwertung der Drachme oder der Lira würde nicht nur die Exporte Griechenlands oder Italiens verbilligen und zwischen Griechenland und Deutschland für ein *Minimum gerechten Ausgleichs* sorgen, indem die Beschäftigungslage in Griechenland auf Kosten der deutschen Rüstungsexporte und ihrer Arbeitsplätze verbessert würde. Sondern auch die Importe Griechenlands, das ohne sie in den Agrarzustand zurückfiele, würden sich verteuern. Wie unter dem Austeritätsregime würden die Raten der Kindersterblichkeit und der Drogentoten weiterhin exponentiell wachsen und die Stadtflucht zunehmen, wenn die importabhängigen Preise nicht nur für Panzer, BMWs und U-Boote, sondern auch für Strom, Gas, Benzin, Medikamente, Eisenbahnen und Rettungshubschrauber in die Höhe schnellen.[319] Die Abwertung ist ein zweischneidiges Instrument, weil sie der Logik des *Konkurrenzkampfes der Nationalstaaten* unterworfen bleibt. Die Logik nationaler Konkurrenz hat nämlich die Verdrängung des demokratischen Kampfes *zwischen* den Klassen zur Voraussetzung, weil sie legitimatorisch davon lebt, das partikularistische Nationalbewußtsein auf Kosten des wenigstens virtuell universalistischen Klassenbewußtseins immer von neuem mobilisieren zu müssen. Der Rückzug in die Festung des Nationalstaats birgt das Risiko eines nicht mehr aufzuhaltenden Rückfalls hinter die bereits erreichte Zivilisierung des Gewaltkerns politischer Herrschaft.

Wie dem auch sei, Europa hat sich mit der doppelten Entmachtung von Parlament und Regierung des *national beschränkten Klassenkampfes* zugunsten des *Konkurrenzkampfes der Nationen* entledigt.[320] Dann kam die Krise, und *a race to the bottom* begann. Als der Kampf ins Stadium des Kalten Krieges zwischen Nord- und Südeuropa trat – »No penny for the Greeks« (David Cameron), »No guarantees without control« (Angela Merkel) –, zeichnete das Komitee des Nordens die Union mit dem Friedensnobelpreis aus.

VI. Wiederkehr des Verdrängten

Pünktlich zum großangelegten Versuch, mit »normativ entkernter« Politik Dr. Jekyll und den *Kantian constitutional mindset* ein für allemal loszuwerden, kehrt das Verdrängte auf die Straßen und Plätze Athens und Madrids zurück.[321] Es kommt zur Polarisierung, und Polarisierung macht Politisierung unvermeidlich. Sie beendet das technokratische *silencing* der öffentlichen Meinung, durchbricht den elektronischen Schutzschild des *embedded journalism*, macht Alternativen sichtbar und deren Entscheidung von öffentlichem Streit abhängig.[322] Die auf Integration, Solidarität und Demokratie ausgestellten, aber nur durch Output-Legitimation gedeckten Schecks der europäischen Machteliten platzen, sobald sie in der demokratischen Münze der Input-Legitimation eingefordert werden. Die Trennung von Input- und Output-Legitimation war immer schon eine technokratische Illusion, ja, die technokratische Umdeutung der Rousseauschen Differenz von Volonté générale und Volonté des tous.[323]

1. Öffentlichkeit

Die entfesselte kommunikative Macht ist ambivalent wie jede Macht, und die Tendenz geht derzeit eher nach rechts als nach links. Das muß allerdings nicht so bleiben, wissen wir doch, daß eine halbwegs inklusive, wenig vermachtete und einigermaßen faire öffentliche Meinungsbildung sich *ändern* kann und *für Lernprozesse offen* ist.[324] Um eine solche Diskussion zustande zu bringen, müssen zwar anspruchsvolle Voraussetzungen erfüllt sein, die durch das neoliberale Regime des öffentlichen Lebens gerade blockiert und in die soziale und psychische Umwelt einer zum autopoietisch geschlossenen System degenerierten Öffentlichkeit abgedrängt werden. Diese Öffentlichkeit ist nur noch strukturell, aber nicht mehr normativ an das politische System gekoppelt.

Aber in solchen Situationen können Massendemonstration, Provokation, Empörung, ziviler Widerstand, Streik, die spontane Besetzung von Plätzen, öffentlichen Gebäuden oder Fabriken genau die Voraussetzungen *und* das politische Führungspersonal schaffen, die erforderlich sind, um faire und inklusive öffentliche Debatten überhaupt möglich zu machen. Wer die trostlosen Namenslisten des europäischen Führungspersonals herunterbetet, um die Unmöglichkeit einer grundlegenden Änderung des Systems zu demonstrieren, hat die Lehren der großen Revolutionen gründlich mißverstanden.[325] *Vor* der Revolution waren Robespierre, Jefferson oder Lincoln ebenso spießige Provinzanwälte wie Guy Verhofstadt oder José Manuel Barroso. Nicht sie haben die Revolution gemacht, die Revolution hat sie gemacht, wie Büchner, Heine und Marx ungefähr zur gleichen Zeit feststellen konnten.

Nicht nur »Politisierung« von oben und aus dem Zentrum »erzeugt Öffentlichkeit«, auch die von der Peripherie und von unten ins Zentrum einbrechenden »Öffentlichkeiten« haben eine »politikanstoßende oder -korrigierende Funktion«.[326] Das hat sich auf den Straßen von Lissabon, Madrid und Athen bereits gezeigt.

Das allein aber genügt nicht, um der weit fortgeschrittenen Transnationalisierung des Kapitalismus, der sich aus seiner Einbettung in den nationalen Staat losgerissen hat und von diesem nicht mehr demokratisch beherrscht werden kann, eine demokratische und soziale Opposition entgegenzusetzen.[327]

2. Machtfrage

Die europäische Regionalgesellschaft hat (wie die Weltgesellschaft insgesamt) kein Gelddefizit – Geld druckt sie notfalls in unbegrenzter Menge. Ohnehin ist seit geraumer Zeit eher zuviel als zuwenig Geld im Markt, was Inflationsrisiken schafft. Die europäische Regionalgesellschaft hat zudem kein Rechtsdefizit. Auch hier scheint eher zuviel Recht im transnationalen System zu sein, was Legitimationsrisiken schafft. Die europäische Gesellschaft hat allerdings ein gewaltiges *Machtdefizit*. Ein solches Defizit ist eine Spezialität von Mr. Hydes Leninisten. Sie haben das Machtdefizit ihrer Zeit richtig diagnostiziert, die Lücke zur Revolution genutzt, leider jedoch mit Mr. Hyde den falschen Schluß einer normativ entkernten Professionalisierung der Revolution gezogen. *Managerial mindset*.

Es fehlt der europäischen Regionalgesellschaft vor allem an öffentlich mobilisierbarer, *kommunikativer Macht*, ohne die aus der schwachen nie eine starke, dem kollektiven Bonapartismus des Europäischen Rats gewachsene Legislativgewalt werden kann. Es fehlt ihr, zweitens, an sozialer *Organisationsmacht*, die stark genug wäre, um dem transnational hochorganisierten Kapital den nötigen Widerstand entgegenzusetzen, also im klassischen Fall: starkes Parlament und starke Gewerkschaften. Nur mit solcher Macht könnte die strukturelle Begrenzung der europäischen *und* der nationalen Handlungsmöglichkeiten aufgehoben werden, die darin besteht, daß politisches Handeln auf europäischer Ebene *ohne Alternativen* zum Vollzug des Austeritätsregimes ist und insofern, so Scharpf, »nicht handeln kann«. Der Mangel nationaler und europäischer Opposition aber bewirkt, daß das transnationale Austeritätsregime trotzdem so effektiv durchgesetzt wird, daß die demokratischen, sozialstaatlichen, sozialistischen und steuerungspolitischen *Alternativen, die national noch gewählt werden können*, wie Scharpf treffend hinzufügt, »nichts mehr bewirken« – und dann auch nicht mehr zur Wahl stehen.[328]

3. Was tun?

Wer das wüßte. Aber, wenn die Prämissen meiner letzten beiden Kapitel halbwegs plausibel sind, kann die erste Schlußfolgerung nur lauten: *Ende des Kalten Kriegs der Nationen durch Transnationalisierung des demokratischen Klassenkampfes.*

Wenn das Finanz- und Industriekapital den Klassenkampf von oben transnational organisiert, muß sich auch der Klassenkampf von unten transnational organisieren. Die Erfolgsaussichten für eine *transnationale Umpolung von nationaler auf soziale Differenz* sind zwar gering, aber das ist eben, noch einmal mit Angela Merkel gesprochen, »die Lage«.[329] Sie erlaubt kein Zurück hinter das funktionale Integrationsniveau, das mit dem Euro eine Dichte erreicht hat, deren Spaltung einer unkontrollierten Kettenreaktion gleichkäme. Selbst im unwahrscheinlichen Fall, daß ein kontrollierter Rückzug aus dem Euro möglich wäre, spricht, wie wir am Ende des letzten Kapitels gesehen haben, nichts dafür, daß die Wiederbelebung der nationalen Abwertungsmöglichkeit an der desaströsen Regression des sozialen Klassenkampfes zum nationalen Existenzkampf irgend etwas ändern würde. Gegen das Zurück sprechen vor allem zwei Gründe, ein funktionaler und ein normativer.

Funktional gleicht jeder Versuch eines Rückbaus der Gemeinschaftswährung dem Versuch, ein Ei, das zerschlagen wurde, in ein heiles Ei zurückzuverwandeln und dann zu hoffen, daß dem Ei ein Huhn entschlüpft.[330] Ein monetärer Sperrklinkeneffekt, von dem offenbleibt, ob es sich um eine List ökonomischer Vernunft oder Unvernunft handelt.

Europa war schon vor dem Euro eine funktional so eng vernetzte Schicksalsgemeinschaft, daß jeder ernsthafte Versuch eines Rückbaus der funktionalen Integration mit hoher Wahrscheinlichkeit in den tödlichen Sog eines nicht mehr kontrollierbaren Umkehrschubs geraten wäre. So argumentierte, wie wir Ende des III. Kapitels gesehen haben, Scharpf schon Mitte der neunziger Jahre, lange vor Ausbruch der großen Krise, daß die funktionale Vernetzung so weit fortgeschritten sei, daß eine Eskalation nationaler Protektionismen, die eine zwangsläufige Folge der Abschaffung des Euro wäre, nicht nur das »Ende der Union bedeuten, sondern auch die europäische Wirtschaft geradewegs in die Katastrophe stürzen müßte«.[331] Auch Claus Offe warnt vor dem unabsehbaren Risiko eines »globalen ökonomischen Tsunami«, den der Zusammenbruch eines Drittels der Weltwirtschaft automatisch zur Folge hätte.[332] Ähnlich Henrik Enderlein: »Es wäre ökonomisch fatal, juristisch unmöglich, politisch ein Desaster und gesellschaftlich töricht, das Europrojekt zu beenden.«[333] Zwar haben alle Regierungen ihren Plan B längst im Geheimfach. Aber die Wahrscheinlichkeit, daß es diesen Plänen genauso ergeht wie den Plänen der Militärs am jeweils ersten Kriegstag, weil alles anders kommt und der Tsunami sich nicht an die Pläne hält, ist überaus hoch. Doch auch das, was Merkel und der von ihr dominierte Europäische Rat tun, nämlich nichts, außer das Austeritätsregime stumm und mit Hilfe ad hoc institutionalisierter Sonderregimes zu vollstrecken, ist kaum weniger riskant.

Nun zu den *normativen* Gründen.

Streeck identifiziert den Begriff demokratischer Gerechtigkeit mit dem Willen der Mehrheit. Dieser minimale Begriff demokratischer Gerechtigkeit genügt, um zu zeigen, daß wachsende soziale Ungleichheit demokratische Gerechtigkeit unmöglich macht. Er ist aber zu schwach, um den normativen Sinn des Demokratieprinzips zu explizieren.

Der normative Sinn des Demokratieprinzips ist keine Sache einer abstrakten Theorie von *frequent travellers* (Craig Calhoun), sondern gehört selbst zur *sozialen Wirklichkeit* der von Streeck vielleicht etwas zu oft beschworenen »kleinen Leute«. Wenn man die rechtlich *institutionalisierten*, normativen Constraints und *daseienden* Widersprüche in Recht und Gesellschaft nicht in Rechnung stellt, verfehlt man eine wesentliche Seite dieser Wirklichkeit. Sie enthält nicht nur die kommunitaristischen Kitschecken der kleinen und großen, gebildeten und ungebildeten Leute, sondern auch die realen Abstraktionen des normativen Universalismus, die im Weltrecht verkörpert sind und den normativen Sinn des Demokratieprinzips ausmachen. Dieser normative Universalismus widerspricht durch die Lippenbewegung *derselben* kleinen und großen Leute dem instrumentellen Sinn *desselben* Rechts. Und er widerspricht ebenso der *je eigenen* kommunitaristischen Kitschecke, von der selbst eine so große Theorie wie die in *The Great Transformation* von Polanyi entwickelte nicht ganz frei ist.

Zum normativen Sinn des Demokratieprinzips gehört schon deshalb nicht nur der Mehrheitswille der »kleinen Leute«, so wichtig er ist, sondern seit Rousseau (1) die innere, epistemische Spannung zwischen der Volonté générale und der Volonté des tous und seit Kant und der amerikanischen Unabhängigkeitserklärung (2) die äußere, kosmopolitische Spannung von *Staatsbürgerschaft* und *Weltbürgerschaft*, die den Horizont der »kleinen Leute« von innen und *nur durch diese selbst* transzendiert. John Deweys demokratischer Experimentalismus ist das Modell einer solchen Selbsttranszendenz einer Demokratie, die sich die Veränderung der Welt noch zutraut.

In diesen beiden Spannungsverhältnissen ist die Demokratie der daseiende Widerspruch der wirklichen Verfassungsnorm zur bloß existierenden Verfassungswirklichkeit (s. o.). Als Verfassungsnorm »der ganzen Gesellschaft« (Abendroth) ist die Demokratie nicht nur (1) der *daseiende Widerspruch zur Gewaltherrschaft des modernen Kapitalismus*, sondern auch (2) der *daseiende Widerspruch zur Gewaltherrschaft des modernen Staats*.

Aus dem Blickwinkel der schon existierenden Verfassungsnorm war der Weltzustand des national- und sozialstaatlich eingebetteten, demokratisch beherrschten Kapitalismus der Nachkriegsepoche mit dem *normativen Mangel* einer schreienden Ungerechtigkeit behaftet, die in der Beschränkung auf ein schmales Segment der Weltgesellschaft bestand, während der Rest in Armut und Gewalt versank. *Affirmative Action*, der demokratische Fortschritt, *was white*. Der demokratische Fortschritt war der Fortschritt des heterosexuellen, weißen Mannes.[334] Die ertrinkenden und in Lagern zusammengepferchten Flüchtlinge an den mediterranen und atlantischen Grenzen der EU widersprechen jedenfalls dem normativen Sinn des in Europa *und* seinen Staaten schon existierenden Demokratieprinzips ebenso wie die innere Gerechtigkeitsschranke, die den Norden vom Süden der EU trennt, und die Flüchtlinge artikulieren solchen Widerspruch nicht ohne Erfolg *auch* vor den europäischen Gerichtshöfen (s. o.). Schon deshalb ist nicht ausgeschlossen, mit etwas praktischem Optimismus sogar wahrscheinlich, daß das Europäische Parlament Zug um Zug in *diese* Rolle der Gerichtshöfe hineinwächst und damit den Anfang vom Ende der europäischen Richterherrschaft einläuten könnte. Bei der Mutation von der Richter- zur Parlamentsherrschaft könnte den beiden europäischen Gerichten sogar eine entscheidende Funktion zukommen. Die wichtigsten Instrumente des ökonomischen Belagerungszustands, die Troika und der Europäische Stabilitätsmechanismus (ESM), eine Art Bank, sind jeder parlamentarischen Kontrolle entzogen, ihre formellen und informellen Beschlüsse haben aber die Wirkung von Gesetzen, die Grund- und Menschenrechte in den jeweils betroffenen Ländern (Griechenland, Spanien, Irland usw.) einschränken und marktkonform konkretisieren. Hier könnten das Europäische Parlament oder Teile desselben öffentlichkeitswirksam vor Gericht ziehen, um den Skandal ruchbar zu machen und das parlamentarische Kontroll- und Beteiligungsrecht durchzusetzen.[335] Kaum übernahm Griechenland am 1. Januar 2014 turnusmäßig die EU-Ratspräsidentschaft, schon stellte der griechische Außenminister Evangelos Venizelos die Vereinbarkeit der Troika und der Zentralbank mit dem »parlamentarischen Charakter« der EU grundsätzlich in Frage.[336] Das Parlament könnte schon in der nächsten Legislaturperiode ins Zentrum der nicht mehr zu verdrängenden europäischen Öffentlichkeit treten und zum wichtigsten Spieler Dr. Jekylls werden.

So oder so ist ein Rückzug auf die »existierende Gerechtigkeit« (Habermas) des nationalen Sozialstaats normativ unhaltbar. Der nationale Staat muß, so könnte man mit Hegel sagen, *untergehen*, um *aufgehoben* zu werden. Weil es nicht nur die zu verteidigende, *existierende Gerechtigkeit der Verfassungsnorm* (als daseiender Widerspruch zur Verfassungswirklichkeit) *der nationalen Staaten* gibt, sondern auch eine *schon existierende Gerechtigkeit der Europäischen Union*, wiederum als in der Wirklichkeit daseiender Widerspruch zur Verfassungswirklichkeit der Union, käme ein Zurück zum Nationalstaat einer Preisgabe des normativen Fortschritts, den wir in der Zivilisierung des Gewaltkerns politischer Herrschaft schon vollzogen haben, gleich.

4. Transnationaler Klassenkampf

Was nun die Alternative zum Rückzug in die Festung des nationalen Sozialstaats, die kaum weniger riskante, aber normativ besser zu begründende Flucht nach vorn in eine Transnationalisierung des demokratischen Klassenkampfes nicht ganz aussichtslos erscheinen läßt, ist *erstens* der mit fortgesetzter Austeritätspolitik vom Süden her wachsende Problemdruck einer nicht endenden Deflationskrise und ihrer desaströsen Folgen. Sie wird heute zum ersten Mal *als* gemeinsames Problem Europas öffentlich wahrgenommen. Eine neue Öffentlichkeit entsteht oft über Nacht, wie ein *punctuational burst* in der Evolution. Und sie entsteht nie ohne den offenen Ausbruch latenter und verdrängter Krisen und (Klassen-)Konflikte.

Zweitens hat der globale Kapitalismus den schon fast überwundenen Klassenkonflikt von Lohnarbeit und Kapital auch im reichen und sozialstaatlich verfaßten Segment der Weltgesellschaft wieder manifest werden lassen, während gleichzeitig *drittens* der nationale Klassenkampf, wie nicht nur das Beispiel Griechenlands zeigt, immer aussichtsloser wird, weil das Kapital das Land längst verlassen hat, sein abstraktes Geld es aber noch regiert, so daß der konkrete Gegner nicht mehr da ist und statt dessen auf den zum fremden Feind erklärten Nachbarn eingedroschen wird. Schwer zu sehen, wie man solch regressiver Aussicht, die einen beim Rückzug in die Hobbessche Festung der Staatssouveränität erwartet, anders entkommen soll als durch die Flucht nach vorn.[337]

Immerhin teilt, *viertens*, der deutsche Langzeitarbeitslose mit seiner griechischen Kollegin weit mehr materielle *und* ideelle Interessen als mit seinen vermögenden Landsleuten, die dem Land (zumindest dem der Griechen) längst den Rücken gekehrt haben. Das gilt, cum grano salis, auch für die noch nicht arbeitslosen Arbeiterklassen beider Länder.[338] Aus *an sich* muß dann »nur« noch *für sich* werden, um die transnationale Klassenlage in Klassenbewußtsein umschlagen zu lassen.[339] In konkrete Politik übersetzt, hieße das heute (neunzig Jahre nach Erscheinen des Buches, das diese an Hegel anschließende Unterscheidung zwischen »Klassenbewußtsein an sich« und »Klassenbewußtsein für sich« berühmt gemacht hat, nämlich Lukács' *Geschichte und Klassenbewußtsein*) gewerkschaftlicher Kampf um *europäische Tarifautonomie*, also europäische Arbeitskämpfe und europäische Tarifverträge.[340] Noch sind die Ohren der Gewerkschaftsbosse taub (Klasse *an sich*), aber der transnational erzwungene, immer unvermeidlicher werdende Wettbewerb um die niedrigsten Löhne könnte sie – List der ökonomischen Vernunft – öffnen (Klasse *für sich*). Der gewerkschaftlich organisierbare, transnationale Arbeitskampf um das *Recht auf grenzübergreifenden Arbeitskampf* ist »der Schlüssel«. Ihn zu ergreifen, liegt bei den Gewerkschaften selbst: »Sind die europäischen Gewerkschaften erst in der Lage, grenzüberschreitende Arbeitskämpfe zu führen, dann sind alle Optionen für den rechtlichen Rahmen eines Tarifabschlusses eröffnet.«[341]

Solange es nicht die Möglichkeit gibt, glaubwürdig mit transnationalen Streiks zu drohen, so lange sitzt, vereinfacht gesagt, das Kapital immer am längeren Hebel, denn die Nationalstaaten und ihre Vertreter sind (schon wegen der sinkenden Wahlbeteiligung unten links) klassen- und sozialpolitisch viel zu fragmentiert, um die Erpressungsmacht des Wirtschaftssystems mit der nötigen Gegenmacht zu konfrontieren. In den Verhandlungen im Ministerrat und im Europäischen Rat rücken deshalb, selbst wenn sich die hegemonialen Mächte einig sind und die besten Absichten hegen, die kostenintensiven, sozialstaatlichen Programme immer ans Ende der Agenda, um am Schluß dem jeweiligen Kompromiß geopfert zu werden – auf Kosten von dessen Fairneß und zum Vorteil des marktradikalen Durchmarschs. Das wiederum schwächt die demokratische Legitimation des Parlaments, dem es an gesellschaftlicher Organisationsmacht fehlt, um die allgemeinen Interessen der europäischen Bürgerschaft gegen den doppelten Druck des Kapitals und der Gliedstaaten angemessen zur Geltung zu bringen.

5. Institutionen

Soll dem Euro demokratische Legitimation nachwachsen, so geht das nur durch die Institutionalisierung von Verfahren, die öffentliche Kontroversen und Kämpfe um *transnationale Alternativen* zum Regime der Austerität ebenso ermöglichen wie die egalitäre Entscheidung solcher Verfahren in europäischen und nationalen Wahlen, Abstimmungen und Parlamentsentscheiden. Immerhin gibt es ein Europäisches Parlament, und auch auf den Kongreß der Vereinigten Staaten hat im 18. Jahrhundert niemand einen müden Euro verwettet. Außerdem gibt es innerhalb der politischen und akademischen Klasse Europas eine intensive Debatte um alternative Entwürfe zwischen (a) minimalem (Van Rompoy) und (b) maximalem *Intergouvernmentalismus* (Schäuble) – was beides letztlich auf eine Verewigung des marktkonformen kollektiven Bonapartismus hinausliefe – und zwischen ersteren und *trans- oder supranationalen* Optionen, die sich wiederum in (c) minimalistische (Glienicker Gruppe[342]) und (d) maximalistische (Habermas) spalten.[343] Es käme »nur« noch darauf an, derart technokratische Planspiele zu *repolitisieren*, indem sie zu politischen Alternativen nach dem Muster: *Austeritätsregime vs. egalitärer Interventionismus* zugespitzt und mit (a)-(d) so verbunden werden, daß sich auf einen Blick ein ganzes Spektrum formaler politischer Alternativen zum Status quo erschließt.

In der politischen Praxis aber werden solche Alternativen immer nur dann aktuell, wenn es rumst, wenn es zu massiven und öffentlich ausgetragenen Konflikten kommt, die weit über Wahlkämpfe und Wahlkampagnen hinausgehen. Wenn nicht alles täuscht, werden wir davon in den nächsten Jahren mehr zu sehen bekommen als in den ersten Jahren der Katastrophe des europäischen Südens. Nur solche Konflikte könnten das gewaltige *Potential exkludierter Passivbürger reaktivieren*, ohne daß die demokratischen Institutionen vom Kapital so lange in

Geiselhaft genommen werden, bis die Reste des *Kantian mindset* bürgerschaftlicher Selbstbestimmung aus ihnen entwichen sind und aus (1) *demokratischem Sozialismus* (Modell Schweden) und (2) *demokratischem Kapitalismus* (Modell Bundesrepublik) nicht nur *kapitalistische Demokratie* (Modell Griechenland unter Lucas Papademos / Italien unter Mario Monti), sondern ein weiteres Mal *Kapitalismus ohne Demokratie* (Modell Chile 1973-1989) geworden ist.

Auch ein kantianisch motivierter *managerial mindset*, die Kopie Dr. Jekylls in Mr. Hyde, könnte im Rahmen der bestehenden Verträge die noch nie genutzten Möglichkeiten der *differenzierten Integration* für die Weiterentwicklung der *europäischen* Sozialstaatsverfassung ebenso nutzen wie für den Schutz der *nationalen* Sozialstaatsverfassungen. So könnten, so ein älterer Vorschlag von Scharpf,

> »Gruppen einzelner Länder mit ähnlichen sozialstaatlichen Institutionen (etwa Länder mit staatlichen Gesundheitswesen oder Länder mit hohen Sozialabgaben), die deshalb vor ähnlichen Problemen stehen, die Institutionen der Europäischen Union und die Dienste der Kommission zur Harmonisierung ihrer je speziellen Reformpolitik nutzen«.[344]

Sie könnten sich beispielsweise zu »skandinavischen« und »kontinentalen« *Sozialstaatsverbünden* zusammenschließen.[345] Der immer engeren Integration, von der die Verträge träumen und die die Liberalisierungsmaschine hochselektiv, funktional integrativ und sozial desintegrativ verwirklicht, könnte eine *immer engere Kooperation egalitär-interventionistischer Staatengruppen* »mit vergleichbaren Problemen, Institutionen und politischen Traditionen« begrenzend entgegengesetzt werden.[346] Heute wird das jedoch alle Länder der Eurozone, besonders die des vom Norden ausgebeuteten Südens einschließen müssen. Dazu freilich bedarf es »politischer Institutionen«, »die die Umverteilung einer Transferunion, die wir bereits haben«, nicht verschleiern (*bypassing public opinion*), sondern »legitimieren«.[347] Es gibt viele Möglichkeiten, das durch die Erklärung des ökonomischen Belagerungszustands regelwidrig abgebrochene und mit Monty Python marktradikal vereinfachte Spiel zwischen Mr. Hyde und Dr. Jekyll wiederaufzunehmen und komplizierter zu machen.

6. New Deal

Um das transnationale Regime der Austerität – den »machthabenden Begriff« (Hegel) – erneut öffentlicher Willensbildung zu unterwerfen, sind Worte und Pflastersteine und politische Führungsfiguren, die bereit und imstande sind, die diffuse Empörung über unhaltbare Zustände in konstituierende Versammlungen und Vertragsänderungsverfahren einzuspeisen, notwendig, aber nicht hinreichend. *Unkonventionelle Verfassungsgesetzgebung*, die den bestehenden Vertragstexten eine radikal neue normative Bedeutung verleiht, wie es der New Deal in den dreißiger Jahren mit der *Commerce Clause* der amerikanischen Verfassung gemacht hatte, dürfte ohne den Druck transnationaler Streiks und transnationaler Gewerkschaftsmacht nur schwer durchsetzbar sein.[348]

Bis zum New Deal war die *Commerce Clause* (Handelsklausel) der amerikanischen Verfassung zusammen mit einer besitzindividualistischen Auslegung der Zusatzartikel 5 und 14 (*due process*, Gleichheitssatz) das Nadelöhr, durch das hindurch die ganze Verfassung auf den Faden einer *kapitalistischen Investorenverfassung* gezogen wurde. Sie besteht aus einer knappen Zeile und besagt, daß die Bundesregierung in Washington DC für die gesetzliche Regulierung des Außenhandels der USA, des zwischenstaatlichen Handels der Gliedstaaten und des Handels mit den indianischen Stämmen zuständig sei (Art. 1 Abs. 8 S. 3 der US-Verfassung). Bis 1937 war das zusammen mit der *Due Process Clause* vor allem ein Abwehrrecht des Kapitals gegen eine bundesstaatliche Arbeits-, Sozial- und Sicherheitsverfassung, gegen Streik- und Assoziationsrechte abhängig Beschäftigter, gegen ökonomische Planung und Nationalisierung, gegen Arbeitszeitbegrenzung und staatliche Mindestlöhne. Es war die Verfassung der Vanderbilts und des New Yorker Bäckers Joseph Lochner, der 1905 vor dem obersten Gericht der USA erfolgreich gegen die Begrenzung des Arbeitstags gestritten hatte. Im Jahr 1937 brach der Widerstand des konservativen, antiföderalen und wirtschaftsliberalen Supreme Court unter dem jahrelangen massiven Druck der Straße und der Streiks, der Wahlkampagnen, der Präsidialadministration und des Kongresses zusammen. Die Wende wurde durch die *öffentliche Meinung* und die (faktisch verfassunggebende) *Legislativgewalt* herbeigeführt und durch die Entscheidung des *Gerichts* in »West Coast Hotel Co. v. Parrish«, das mit 5:4 die fristlose Kündigung wegen Gewerkschaftsmitgliedschaft verbot, stabilisiert. Nach 1937 wurde die *Commerce* zusammen mit der von nun an sozialstaatlich ausgelegten *Due Process Clause* zu einem praktisch unbegrenzten Interventionsrecht des Bundes zur Regulierung, Planung und Nationalisierung der Wirtschaft, zur bundesweiten Durchsetzung von Arbeitnehmer- und Gewerkschaftsrechten, Steuer-, Lohn-, Sozial-, Subventions- und Umverteilungspolitik. Erst jetzt wurde auch der gliedstaatliche Protektionismus aufgehoben und ein gemeinsamer Markt wie in der EU geschaffen. Von nun an konnte die gesamte Verfassung im Licht der im Wortlaut unveränderten *Commerce Clause* sowie der *Due Process Clause* als *sozialdemokratische Arbeiterverfassung* interpretiert werden. Noch der Streit um Obamas Gesundheitsreform ist ein Streit um die Interpretation insbesondere der *Commerce Clause*, die heute erneut unter den Druck der Investoren und ihrer Tea Party geraten ist.

Die Bedingungen sind in Europa andere als in den Vereinigten Staaten Mitte der dreißiger Jahre. Aber der Kampf um die *Commerce Clause* zeigt doch, wie eine Verfassung ohne Änderung ihres Wortlauts unter dem Druck der Straße und des besseren Arguments – beides zusammen macht Kommunikation zur Macht – in ihr Gegenteil verkehrt werden kann. Von oben klappt das heute in Europa auch mit der sehr viel sperrigeren, alles scheinbar schon vorab festlegenden Verfassung des Lissabon-Vertrags erschreckend gut. Vom ESM bis zum Anschmeißen der hochtourigen Druckmaschinen der EZB wird der Sinn des Wortlauts von Europas Verfassung um 180 Grad gedreht. Ein U-Turn folgt in kurzem Abstand dem nächsten.

Aber auch unten, bei der breiten Masse der Globalisierungsverlierer, sind wenigstens Anfänge einer Bewegung erkennbar, die, wenn der unwahrscheinliche Fall ihres Erfolgs eintritt, ebensogut zur Transformation der Investorenverfassung in eine europäische Sozialstaatsverfassung führen könnte wie zur Restabilisierung der wenigen verbliebenen Festungsmauern der Staatssouveränität, die dann doch im Sturm der nächsten Globalisierungswelle brechen.

Schon der Beginn einer solchen Entwicklung öffentlichen Kampfes und öffentlicher Diskussion, den wir gerade erleben, könnte dazu führen, daß sich der tödliche Teufelskreis einer demokratisch *handlungsunfähigen*, aber liberalisierungstechnisch *hochwirksamen* europäischen »Polizei« und einer demokratisch *handlungsfähigen*, aber politisch *unwirksamen* nationalen »Politik« auflöst, so daß Technokratie in Politik zurückverwandelt wird.[349] Schon durch das Paradox eines *europäischen* Wahlerfolgs der rechten Anti-Europa-Parteien, der die Wahlbeteiligung hochtreibt, könnte das Parlament die öffentliche Bedeutung gewinnen, die es allein schon aufgrund seiner tatsächlichen Macht verdient. Ein solcher Wahlerfolg würde Europa zur Repolitisierung zwingen, Alternativen dem Streit der öffentlichen Meinung aussetzen und die andern politischen Parteien nötigen, sich zu europäisieren und das kommunikative Beschweigen von kolonialer und emanzipatorischer, demokratischer und technokratischer Vergangenheit, Gegenwart und Zukunft endlich zu beenden.[350]

Die amerikanische Verfassungsrevolution von 1937, in der die *Commerce* und die *Due Process Clause* vom marktkonformen Kopf auf die egalitär-interventionistischen Füße gestellt wurden, ist durchaus ein Modell, wie die Verfassung einer normativen Liberalisierungsmaschine in die Verfassung einer sozialen und egalitären Massendemokratie transformiert werden kann, ohne ein Jota am Text zu ändern.[351] Ein ähnlicher Schritt würde in Europa (nicht anders als 1937 in den Vereinigten Staaten) eine *revolutionäre Wende im europäischen Recht, nicht aber eine revolutionäre Aufhebung der nationalstaatlichen Verfassungen* voraussetzen, wie das Bundesverfassungsgericht regelmäßig unterstellt. Auch darauf ist der Vorschlag von Habermas zugeschnitten, die europäische Volkssouveränität »gleichursprünglich« zwischen den *Bürgern* der Union und den *Staatsvölkern* der Gliedstaaten zu teilen.[352] Der radikaldemokratische, auf das Zurückdrängen der inneren und äußeren Gewaltschranke im Recht gerichtete Sinn des heute schon (wie fragil auch immer) existierenden *pouvoir constituant mixte* könnte erst in einer europäischen Sozialstaatsverfassung überhaupt wirksam werden.

7. Politik des besetzten Stuhls

Der Kampf um die sozialstaatliche oder gar sozialistische Verwirklichung des *pouvoir constituant mixte* wäre auch ein Kampf um die rechtliche Formalisierung informeller Herrschaft, durch die der *Kantian constitutional mindset* überhaupt erst zum normativen Constraint blinder evolutionärer Anpassung und naturwüchsiger Herrschaft werden konnte.[353]

Immerhin hat der Lissabon-Vertrag die informelle Herrschaft des mächtigsten der vielen informellen und halbinformellen Sonderregimes des Europarechts wenigstens schwach institutionalisiert, so daß der Europäische Rat, obwohl er *noch* den Vorrang der bonapartistischen Exekutivherrschaft über die transnationalen Institutionen der politischen Verfassung Europas sichert, *schon* zu einer transnationalen europäischen Organgewalt mutiert ist. Nur deshalb konnte Dr. Jekyll Martin Schulz auf dem Stuhl, der für ihn im Europarat mit begrenzter Kompetenz reserviert war, seine Kompetenz überschreiten und sitzen bleiben. Am Ende könnte die Politik des besetzten Stuhls der Anfang der gewaltenteiligen Integration des Europäischen Rats in das ordentliche Gesetzgebungsverfahren der Union sein, dessen Formalismus uns von seiner informellen Herrschaft befreien würde.

8. Akademisches Proletariat

Das alles aber setzt ein weiteres Mal den erst in Ansätzen erkennbaren Versuch einer transnationalen Rekonstruktion der Arbeiterbewegung und ihrer wichtigsten Organisationen, der Gewerkschaften, voraus.[354] Es gibt aber auch entgegenkommende, neue soziale Bewegungen, die seit Beginn der globalen Studentenunruhen im elitären Berkeley der sechziger Jahren in immer neuen Wellen immer mehr Akteure mobilisiert haben und immer egalitärer geworden sind. Dazu gehören die großen Umwelt- und Antidiskriminierungsbewegungen, aber auch die stummen und gewalttätigen Aufstände der Ghettos und urbanen Peripherien, die Demonstrationen globaler Rucksacktouristen von Seattle bis Genua, zuletzt die Revolutionen, Aufstände und Besetzungen urbaner Räume in den arabischen Ländern, in Spanien und Griechenland, in Istanbul und Lower Manhattan (Occupy). Dr. Jekylls bunte Koalition hat auch Obama an die Staatsmacht (oder an was von ihr noch übrig ist) gebracht.

Der seit den Sechzigern immer breiter werdende, von Anfang an globale Strom neuer sozialer Bewegungen verfügt über ein hohes Innovations- und Überraschungspotential. Er irritiert die waffenstarrenden Funktionssysteme, nötigt sie zu kognitiven Lern- und Anpassungsprozessen und löst bei denen, die in ihre Umwelt abgedrängt und von ihnen kolonialisiert werden, normative Lernprozesse aus.[355]

Die Bewegung ist sehr diffus, entsteht spontan, ist bestenfalls informell vernetzt und schwach organisiert (NGOs, INGOs etc.). Was sie eint, ist keine Ideologie, kaum ein gemeinsamer Gegner (wie *das* Kapital im späten 19. oder *der* Staat im späten 18. Jahrhundert), allenfalls eine vage programmatische Familienähnlichkeit, ein variationsreicher, oft avantgardistisch expressiver Stil, Elemente internationaler Jugendkultur. Aber es gibt eine *strukturelle Ursache*, die sie mit der Arbeiterbewegung verbindet, auch wenn es unwahrscheinlich ist, daß sie je deren Organisationsgrad und Macht kopieren oder neu erfinden könnte.

War und ist die Arbeiterbewegung die aktivbürgerliche Reaktion auf den *unvermeidlichen Klassenkonflikt*, der – wie Marx im ersten Band des *Kapital* gezeigt hat – durch die funktionale Ausdifferenzierung des selbstreferentiell geschlossenen Systems der *Ökonomie* hervorgerufen wird, so sind die sozialen Bewegungen, die in Berkeley begannen, eine aktivbürgerschaftliche Reaktion auf die funktionale Ausdifferenzierung des *Erziehungs- und Bildungssystems.*[356] Es expandiert überall in der Welt ähnlich rasant wie das ökonomische System und hat sich seit den sechziger Jahren Zug um Zug akademisiert und vom Beschäftigungssystem entkoppelt.[357]

Dadurch entsteht in fast allen Ländern der Welt gleichzeitig ein riesiges, beständig wachsendes Prekariat. Es ist *überall* (wenn auch auf sehr unterschiedlichem Niveau) *immer besser* ausgebildet und hat immer trübere Aussichten auf einen passenden Job. Die Expansion des national institutionalisierten, aber längst global gesteuerten und organisierten Welterziehungssystems *verlängert* überall von Generation zu Generation die *Zeit der Jugend.* Die Folge ist allerorts eine Verschärfung und Verlängerung des dialektischen Streits von Dr. Jekyll und Mr. Hyde, der die kaum noch endende *Adoleszenskrise* im System des lebenslangen Lernens durchzieht. Die Lösung des Streits drängt auf Individualisierung und Ich-Autonomie. Das wiederum verstärkt die normativen Lernprozesse, die den *Kantian constitutional mindset* immer tiefer in die moderne Lebenswelt zurückverlegen.[358]

Das hochqualifizierte, weitgehend akademisierte und englisch sprechende Prekariat bildet mittlerweile den *Kern einer transnationalen Öffentlichkeit* und Jugendkultur. Wenn, wie in Südeuropa, weit über fünfzig Prozent der Angehörigen dieser sozialen Gruppe deflationsbedingt in den Exklusionsbereich struktureller

Arbeitslosigkeit abstürzen, dann entsteht ein bleibendes *Konfliktpotential*, das dem, das in Kairo eine Revolution ausgelöst hat, in nichts nachsteht: »Voi G8, Noi 6 000 000 000« hieß es 2001 in Genua, »We are the 99 percent« hieß es 2011 in New York.

Man kann sich zumindest vorstellen, daß in einem der nächsten kritischen Momente der andauernden Wirtschaftskrise dieses Potential eines hochqualifizierten Prekariats im Verbund mit transnationalen Gewerkschaften Solidaritäten nicht nur im Süden aktualisiert. Das könnte den Druck kommunikativer Macht auf das Austeritätsregime so weit erhöhen, daß am Ende aus der heutigen Investorenverfassung doch noch eine wirksame Sozialstaatsverfassung Europas wird.

Anmerkungen

I. Verdrängter Ursprung

1 Von einer »Verdrängung« (des »sozialen Europa«) spricht auch Kolja Möller (»Die Europäische Sozialunion«, in: *Interdisziplinäre Europastudien*, herausgegeben von Ulrike Liebert / Jana Wolff (Hg.), Heidelberg: Springer VS (im Erscheinen), zit. n. dem Manuskript.

2 Auf den *Kantian constitutional mindset* und die Unterscheidung vom *managerial mindset* gehe ich im zweiten Kapitel ausführlicher ein. Das Konzept geht zurück auf Martti Koskenniemi (»Constitutionalism as mindset: Reflections on Kantian themes about international law and globalization«, in: *Theoretical Inquiries in Law 8* / 1 [2006], S. 9-36).

3 Daran erinnert zu Recht Alexander Somek, Europe: »From emancipation to empowerment« (LSE »Europe in Question« Discussion Paper Series 60 / 2013), London: The London School of Economics and Political Sciences 2013, S. 12, online verfügbar unter: {http://www.lse.ac.uk/europeanInstitute / LEQS / LEQSPaper60.pdf} (Stand Januar 2014). Die Verdrängung der Verschlingung von Schrecken und Befreiung im »Zeitalter der Extreme« (Hobsbawm) durchschlägt Peter Weiss in der *Ästhetik des Widerstands* (Frankfurt am Main: Suhrkamp 1975-1981).

4 John Erik Fossum / Augustín José Menéndez, *The Constitution's Gift. A Constitutional Theory for a Democratic European Union*, Lanham u. a.: Rowman & Littlefield 2011.

5 Vgl. dazu knapp: Wolfgang Streeck, *Gekaufte Zeit. Die vertagte Krise des demokratischen Kapitalismus*, Berlin: Suhrkamp 2013, S. 198 ff.

6 Costas Douzinas, *The End of Human Rights. Critical Legal Thought at the Turn of the Century*, Oxford: Hart 2000, S. 144.

7 Vgl. zum folgenden auch Gurminder K. Bhambra, »Postcolonial Europe, or: Understanding Europe in times of the postcolonial«, in: *The Sage Handbook of European Studies*, herausgegeben von Chris Rumford, Los Angeles u. a.: Sage 2009, S. 69-86.

8 Diese Angabe entnehme ich Bhambra, »Postcolonial Europe«, a. a. O., S. 85; laut Wikipedia schwanken die offiziellen Opferzahlen zwischen 300.000 und eineinhalb Millionen Toten.

9 Das EuGH-Urteil in der Rechtssache »van Gend & Loos gegen nie-

derländische Finanzverwaltung« (5. Februar 1963) ist online verfügbar unter: {http://eur-lex.europa.eu/LexUriServ/LexUriServ.do?uri=CELEX:61962J0026:DE:PDF} (Stand Januar 2014).

10 Vgl. dazu knapp: Jürgen Osterhammel, *Die Verwandlung der Welt. Eine Geschichte des 19. Jahrhunderts*, München: Beck 2010, S. 194 ff.

11 So der Titel der berühmten Erzählung Joseph Conrads, deren impliziter Hintergrund der Völkermord im belgischen Kongo im letzten Drittel des 19. Jahrhunderts ist; in der Norton-Ausgabe wird auch die postkoloniale Debatte ausführlich dokumentiert (Joseph Conrad, *Heart of Darkness*, kritische Ausgabe, New York: Norton 2005); vgl. zur Verdrängung Bhambra, »Postcolonial Europe«, a. a. O. Der innere Zusammenhang von imperialer und faschistischer Gewalt ist außerhalb des Marxismus vor allem von Hannah Arendt früh erkannt und ins Zentrum ihrer Totalitarismustheorie gerückt worden (vgl. Hannah Arendt, *Elemente und Ursprünge totaler Herrschaft*, München: Piper 1986 [1955], S. 309-357).

12 Vgl. Bhambra, »Postcolonial Europe«, a. a. O.

13 Geprägt hat die geniale, von ihrem Erfinder freilich affirmativ gebrauchte Formel vom »kommunikativen Beschweigen brauner Biographieanteile« im Nachkriegswestdeutschland Hermann Lübbe (»Der Nationalsozialismus im politischen Bewußtsein der Gegenwart«, in: *Deutschlands Weg in die Diktatur. Internationale Konferenz zur nationalsozialistischen Machtübernahme. Referate und Diskussionen. Ein Protokoll*, Berlin 1983, S. 329-349.

14 Bevor er Kommissionspräsident wurde, war Barroso von 2002 bis 2004 portugiesischer Ministerpräsident.

15 Arendt, *Elemente und Ursprünge totaler Herrschaft*, a. a. O., S. 730. In ihrem Buch über die Revolution hat Arendt diese Augustinische Idee dann mit dem Verfassungsdenken des 18. Jahrhunderts zusammengeführt (vgl. Hauke Brunkhorst, »Power and the rule of law in Arendt's thought«, in: *Hannah Arendt and the Law*, herausgegeben von Marco Goldoni und Christopher McCorkindale, Oxford: Hart 2012, S. 215-228); vgl. zur lange (aus überwiegend rassistischen Vorurteilen gegen die Chinesen und andere nichtjapanische Asiaten) verdrängten Bedeutung des Tokioer Prozesses David Cohen, »Historiography, war, and war crimes: The representation of World War II«, in: *Rechtshistorisches Journal* 19 (2000), S. 413-431.

16 Vgl. Chris Thornhill, *A Sociology of Constitutions. Constitutions*

and State Legitimacy in Historical-Sociological Perspective, Cambridge University Press 2011, S. 327-371; Fossum / Menéndez, *The Constitution's Gift*, a. a. O.; vgl. zu den zwei klassischen Paradigmen der Verfassung – Herrschaftsbegrenzung (England, Deutschland) vs. Herrschaftsbegründung (Frankreich, Amerika) Christoph Möllers, »Pouvoir constituant – constitution – constitutionalization«, in: *Developing a Constitution for Europe*, herausgegeben von Erik O. Eriksen, John Erik Fossum und Augustín José Menéndez, London: Routledge 2004, S. 129-139; vgl. zum Aktivismus des Gerichtshofs Anna Katharina Mangold, *Gemeinschaftsrecht und deutsches Recht. Die Europäisierung der deutschen Rechtsordnung in historisch-empirischer Sicht*, Tübingen: Mohr Siebeck 2011, S. 42 f. und 97 ff.

17 Vgl. Eric Hobsbawm, *Das Zeitalter der Extreme. Weltgeschichte des 20. Jahrhunderts*, München: Hanser 1995, S. 185-187.

18 Richtig gesehen hat das (wie so viele andere Dinge) damals nur Hans Kelsen (»The legal status of Germany according to the Declaration of Berlin«, in: *American Journal of International Law* 39 [1945], S. 518-526).

19 Das bedauert im Namen des autoritären Staats Ernst Forsthoff (*Der Staat der Industriegesellschaft – dargestellt am Beispiel der Bundesrepublik Deutschland*, München: Beck 1971, S. 46-47, S. 105); zur demokratischen Gegenthese, daß die Verfassung den Staat, nicht der Staat die Verfassung hervorbringt: Adolf Arndt, »Umwelt und Recht«, in: *Neue Juristische Wochenschrift* 1 / 2 (1963), S. 24-26, S. 25.

20 Vgl. zur »falschen Identität« einer Staatsrechtslehre, die trotzig den Namen Verfassungslehre (trotz seiner Absegnung durch Carl Schmitt) bis heute verweigert, Christoph Möllers, *Staat als Argument*, München: Beck 2000, S. 163 ff.

21 Dietrich Jesch, *Gesetz und Verwaltung. Eine Problemstudie zum Wandel des Gesetzmäßigkeitsprinzips*, Tübingen: Mohr Siebeck 1961; Thornhill, *A Sociology of Constitutions*, a. a. O., S. 327-371.

22 Hermann Heller, »Der Begriff des Gesetzes in der Reichsverfassung«, in: *Gesammelte Schriften*, Band 2, herausgegeben von Christoph Müller, Leiden: Sijthoff 1971 [1927], S. 203-247, S. 226.

23 Liberal-kosmopolitischer Gegenspieler des jesuitischen Realpolitikers Naphta in Thomas Manns Roman *Der Zauberberg* (1924).

24 Möller, »Die Europäische Sozialunion«, a. a. O., S. 4; vgl. auch Augustín José Menéndez (Hg.), *Altiero Spinelli: From Ventotene to*

the European Constitution (Arena Report 1), Oslo 2007; das Manifest ist online verfügbar unter: {http://www.europarl.europa.eu/brussels/website/media/Basis/Geschichte/bis1950/Pdf/Manifest_Ventotene.pdf} (Stand Januar 2014); eine gute Übersicht bietet auch Frank Niess, *Die europäische Idee. Aus dem Geist des Widerstands*, Frankfurt am Main: Suhrkamp 2001; vgl. zum europäischen und internationalen Vorlauf nationaler Sozialstaatlichkeit Lutz Leisering, »Gibt es einen Weltwohlfahrtsstaat?«, in: *Weltstaat und Weltstaatlichkeit. Beobachtungen globaler politischer Strukturbildung*, herausgegeben von Mathias Albert und Rudolf Stichweh, Wiesbaden: VS 2007, S. 187-205; vgl. auch Ulrike Davy, »The rise of the global ›social‹. Origins and transformations of social rights under UN Human rights law«, in: *International Journal of Social Quality* 3 / 2 (2013), S. 187-205.

25 Vgl. exemplarisch Thomas H. Marshall, *Bürgerrechte und soziale Klassen. Zur Soziologie des Wohlfahrtsstaats*, Frankfurt am Main: Campus 1992 [1950], S. 33 ff.; vgl. aber auch Wolfgang Abendroth, »Zum Begriff des demokratischen und sozialen Rechtsstaats im Grundgesetz der Bundesrepublik Deutschland«, in: *Rechtsstaatlichkeit und Sozialstaatlichkeit*, herausgegeben von Ernst Forsthoff, Darmstadt: Wissenschaftliche Buchgesellschaft 1968 [1954], S. 114-144.

26 Vgl. Abendroth, »Zum Begriff des demokratischen und sozialen Rechtsstaats«, a. a. O.; vgl. auch Ernst Forsthoff, »Begriff und Wesen des sozialen Rechtsstaats«, in: *Rechtsstaatlichkeit und Sozialstaatlichkeit*, a. a. O., S. 145-164; vgl. auch Joachim Perels, »Der soziale Rechtsstaat im Widerstreit«, in: *Kritische Justiz* 3 (2006), S. 295-302.

27 Vgl. nur Friedrich A. Hayek, *Die Verfassung der Freiheit*, Tübingen: Mohr Siebeck 2005 [1960]; kritisch William E. Scheuerman, »The unholy alliance of Carl Schmitt and Friedrich A. Hayek«, in: *Constellations* 4 / 2 (2004), S. 172-188.

28 So auch Möllers, *Staat als Argument*, a. a. O., S. 141.

29 Ebd., S. 423.

30 Die Grabrede stammt von Christoph Möllers (ebd.).

31 Das zeigt Frank Ruda in *Hegels Pöbel* (Konstanz University Press 2011).

32 Vgl. Bhambra, »Postcolonial Europe«, a. a. O.

33 Dipesh Chakrabarty, *Provincializing Europe. Postcolonial Thought and Historical Difference*, Princeton University Press 2000.

34 Fossum / Menéndez, *The Constitution's Gift*, a. a. O., S. 80 ff.

35 »Wir müssen eine Art Vereinigte Staaten von Europa errichten [...], welche den verwirrten Völkern dieses unruhigen und mächtigen Kontinents ein erweitertes Heimatgefühl und ein gemeinsames Bürgerrecht zu geben vermöchte.« Churchills Zürcher Europa-Rede vom 19. September 1946 ist online verfügbar unter: {http://www.europarl.europa.eu/brussels/website/media/Basis/Geschichte/bis1950/Pdf/Churchill_Rede_Zuerich.pdf} (Stand Januar 2014); vgl. zum Kontext: Niess, *Die europäische Idee*, a. a. O., S. 51 ff.

36 Churchill, »Europa-Rede«, a. a. O.

37 Hannah Arendt, »Approaches to the German problem«, in: *Essays in Understanding 1930-1954*, herausgegeben von Jerome Kohn, New York: Harcourt 1994, S. 106-120 (meine Übersetzung – HB); vgl. zu Arendt Lars Rensmann, »Europeanism and Americanism in the age of globalization – Hannah Arendt's reflections on Europe and America for a post-national identity of the EU-polity«, in: *European Journal of Political Theory* 5 / 2 (2006), S. 139-170, online verfügbar unter: {http://www.sagepub.com/mcdonaldizationstudy5/articles/Globalization_Articles%20PDFs/Rensmann.pdf} (Stand Januar 2014); stärker generalisiert: Adam Chalmers, »Refiguring the European Union's historical dimension«, in: *European Journal of Political Theory* 5 / 4 (2006), S. 437-454, S. 451; Peter J. Verovšek, »Generations and the future of European memory«, online verfügbar unter: {http://www.maxwell.syr.edu/uploadedFiles/moynihan/merc/Verovsek_EurozoneCrisis_Generations%20of%20European%20Memory_Syracuse2012.pdf} (Stand Januar 2014).

38 So Karl Marx, »Der 18. Brumaire des Louis Bonaparte«, *Marx-Engels-Werke*, Band 8, Berlin: Dietz 1960 [1852], S. 111-207.

39 Vgl. zur »homogenen und leeren Zeit« Walter Benjamin, »Über den Begriff der Geschichte«, in: *Gesammelte Schriften*, Band 1.2, Frankfurt am Main: Suhrkamp 1974 [1940], S. 691-704, S. 702.

40 Möller, »Die Europäische Sozialunion«, a. a. O.

41 Jacques Delors, »Entwicklungsperspektiven der europäischen Gemeinschaft«, in: *Aus Politik und Zeitgeschichte* B1 (1993), S. 3-9.

42 Der Originalton des letzten Wehrmachtsberichtes vom 9. Mai 1945 ist online verfügbar unter: {http://www.youtube.com/watch?v=8mPoILVkrJI} (Stand Januar 2014).

43 Zum CDU-Staat schon wieder lesenswert: Gert Schäfer / Carl Ne-

delmann (Hg.), *Der CDU-Staat. Analysen zur Verfassungswirklichkeit der Bundesrepublik*, zwei Bände, Frankfurt am Main: Suhrkamp 1969; vgl. kritisch gegenüber der Verdrängung von Gerechtigkeit und Emanzipation zugunsten von »peace and prosperity and economic rationality« Dimitry Kochenov, »Citizenship without respect: The EU's troubled equality ideal« (Jean Monnet Working Paper 08 / 10), New York: NYU School of Law 2010, S. 74 f., online verfügbar unter: {http://www.jeanmonnetprogram.org/papers/10/100801.pdf} (Stand Januar 2014).

44 Tony Blair »A battle for global values«, in: *Foreign Affairs* (Januar / Februar 2007), online verfügbar unter: {http://www.foreignaffairs.com/articles/62271/tony-blair/a-battle-for-global-values} (Stand Januar 2014).

45 Immanuel Kant, *Der Streit der Fakultäten*, in: *Werkausgabe*, Band 11, Frankfurt am Main: Suhrkamp 1977 [1798], S. 261-393, S. 361.

46 Vgl. zutreffend Jacques Derrida / Jürgen Habermas, »Nach dem Krieg: Die Wiedergeburt Europas«, in: *Frankfurter Allgemeine Zeitung* (31. Mai 2003), online verfügbar unter: {http://www.faz.net/aktuell/feuilleton/habermas-und-derrida-nach-dem-krieg-die-wiedergeburt-europas-1103893.html} (Stand Januar 2014).

II. Dr. Jekyll und Mr. Hyde

47 Martti Koskenniemi, »Constitutionalism as mindset: Reflections on Kantian themes about international law and globalization«, in: *Theoretical Inquiries in Law* 8 / 1 (2006), S. 9-36.

48 Martti Koskenniemi, *The Gentle Civilizer of Nations. The Rise and Fall of International Law 1870-1960*, Cambridge University Press 2004, S. 177. Die janusköpfige Figur des gutmütigen Dr. Jekyll und seines bösartigen Doppelgängers Mr. Hyde geht auf eine berühmte Novelle Robert Louis Stevensons aus dem Jahr 1886 zurück. Eine ebenfalls berühmte Verfilmung stammt von Rouben Mamoulian (USA 1931).

49 Martti Koskenniemi, *From Apology to Utopia. The Structure of International Legal Argument*, Helsinki: Lakimiesliito 1989, Neuauflage mit neuem Vorwort: Cambridge University Press 2005.

50 Vgl. zur päpstlichen Revolution und zum Erlösungssinn des Rechts Harold Berman, *Law and Revolution. The Formation of the Western Legal Tradition*, Cambridge (Mass.): Harvard University Press 1983; vgl. auch Hauke Brunkhorst, *Critical Theory of Legal Revo-*

lutions – Evolutionary Perspectives, London / New York: Bloomsbury (im Erscheinen).

51 Walter Benjamin, »Zur Kritik der Gewalt«, in: *Gesammelte Schriften*, Band II.1, Frankfurt am Main: Suhrkamp 1977, S. 179-203, S. 195.

52 So wie heute Herfried Münkler, *Imperien. Die Logik der Weltherrschaft – vom Alten Rom bis zu den Vereinigten Staaten*, Berlin: Rowohlt Berlin 2005.

53 Koskenniemi, *The Gentle Civilizer of Nations*, a. a. O., S. 413 ff., 494 ff.

54 Martti Koskenniemi, »What should international lawyers learn from Karl Marx?«, in: *Leiden Journal of International Law* 17 (2004), S. 229-246, S. 244 f.

55 Immanuel Kant, *Zum ewigen Frieden. Ein philosophischer Entwurf*, in: *Werkausgabe*, Band XI, Frankfurt am Main: Suhrkamp 1977 [1795], S. 191-251, hier S. 216.

56 Ebd., S. 250.

57 Vgl. zur Unterscheidung der beiden Arten der Emanzipation Karl Marx, »Zur Judenfrage«, in: *Marx-Engels Studienausgabe*, Band 1, *Philosophie*, herausgegeben von Iring Fetscher, Frankfurt am Main: Fischer 1966 [1844], S. 31-60; vgl. auch Robert Fine, »Was Marx antisemitic? Reconstruction of the ›Jewish Question‹«, in: *Antisemitism and the Constitution of Sociology*, herausgegeben von Marcel Stoetzler, Lincoln: University of Nebraska Press (im Erscheinen).

58 Die Ansprache, die Franklin D. Roosevelt im Jahr 1937 am Constitution Day gehalten hat, ist online verfügbar unter: {http://newdeal.feri.org/court/fdr03.htm} (Stand Dezember 2013).

59 Kant, *Zum ewigen Frieden*, a. a. O., S. 250 f.

60 Inzwischen hat die historische Forschung gezeigt, daß man die Propaganda »absoluter« Fürsten nicht mit der historischen Wirklichkeit verwechseln darf; vgl. dazu etwa Ronald G. Asch / Heinz Duchhardt (Hg.), *Der Absolutismus – Ein Mythos? Strukturwandel monarchischer Herrschaft (ca. 1550-1700)*, Köln: Böhlau 1996; Chris Thornhill, *A Sociology of Constitutions. Constitutions and State Legitimacy in Historical-Sociological Perspective*, Cambridge University Press 2011, S. 92 ff., S. 117.

61 Ingeborg Maus, *Zur Aufklärung der Demokratietheorie. Rechts- und demokratietheoretische Überlegungen im Anschluß an Kant*, Frankfurt am Main: Suhrkamp 1992; vgl. auch Koskenniemi, »Constitutionalism as mindset«, a. a. O.

62 Ganz eindeutig bei Kant, vgl. nur *Kritik der reinen Vernunft*, Band 1, *Werkausgabe*, Band IV, Frankfurt am Main: Suhrkamp 1974 [1781], S. 324.

63 Vgl. Daniel Loick, *Kritik der Souveränität*, Frankfurt am Main: Campus 2012.

64 Kant, *Kritik der reinen Vernunft*, Band 1, a. a. O., S. 323 f.

65 Vgl. Kant, *Zum ewigen Frieden*, a. a. O.

66 Koskenniemi, »Constitutionalism as mindset«, a. a. O.; vgl. auch Paul Blokker, »EU constitutionalism and societal constitutional claims: A political sociological approach to constitutional politics«, Vortrag, gehalten an der Cardiff Law School (14. Juni 2013); vgl. zur Differenzierung der beiden Seiten von Lincolns Formel: Ingolfur Blühdorn, »Auf dem Weg zu einem neuen Gesellschaftsvertrag? Von der sozialen zur reaktionären Demokratie«, Vortrag, gehalten auf der Darmstädter Tagung »Soziale Krise der Demokratie« (5. Juli 2013).

67 Vgl. zur strukturellen Kopplung Niklas Luhmann, *Die Gesellschaft der Gesellschaft*, Frankfurt am Main: Suhrkamp 1997, S. 92 ff.

68 Vgl. Maus, *Zur Aufklärung der Demokratietheorie*, a. a. O.; ähnlich: Jürgen Habermas, *Faktizität und Geltung. Beiträge zur Diskurstheorie des Rechts und des demokratischen Rechtsstaats*, Frankfurt am Main: Suhrkamp 1992.

69 Niklas Luhmann, »Verfassung als evolutionäre Errungenschaft«, in: *Rechtshistorisches Journal* 9 (1990), S. 201-208.

70 Niklas Luhmann, *Legitimation durch Verfahren*, Frankfurt am Main: Suhrkamp 1983 [1969].

71 So schon: Fritz W. Scharpf, *Regieren in Europa. Effektiv und demokratisch?*, Frankfurt am Main: Campus 1999; kritisch: Colin Crouch, *Postdemokratie*, Frankfurt am Main: Suhrkamp 2008 [2003]; affirmativ: Ingolfur Blühdorn, *Simulative Demokratie. Neue Politik nach der postdemokratischen Wende*, Berlin: Suhrkamp 2013.

72 Ähnlich: Jacques Rancière, *Das Unvernehmen. Politik und Philosophie*, Frankfurt am Main: Suhrkamp 2002 [1995]; weniger prätentiös: Hannah Arendt, *Über die Revolution*, Zürich / München: Piper 1986 [1963]; Jürgen Habermas, *Strukturwandel der Öffentlichkeit. Untersuchungen zu einer Kategorie der bürgerlichen Gesellschaft*, Frankfurt am Main: Suhrkamp 1990 [1962].

73 Kant, *Zum ewigen Frieden*, a. a. O., S. 210.

74 Niklas Luhmann, »Subjektive Rechte: Zum Umbau des Rechtsbe-

wußtseins für die moderne Gesellschaft«, in: ders., *Gesellschaftsstruktur und Semantik*, Band 2, Frankfurt am Main: Suhrkamp 1981, S. 45-104, S. 62 f.; kritisch: Thore Prien, *Fragmentierte Volkssouveränität*, Baden-Baden: Nomos 2010, zit. n. der Dissertationsfassung (Universität Flensburg 2008), S. 97 ff.

75 Luhmann, »Verfassung als evolutionäre Errungenschaft«, a. a. O., S. 176.

76 Kant, *Zum ewigen Frieden*, a. a. O., S. 213.

77 So im Anschluß an Kelsen: Koskenniemi, »Constitutionalism as mindset«, a. a. O., S. 29; vgl. auch Friedrich Müller / Ralph Christensen, *Juristische Methodik*, Band I, *Grundlagen, Öffentliches Recht*, Berlin: Duncker & Humblot 2002.

78 Vgl. Jochen von Bernstorff, *Der Glaube an das universale Recht. Zur Völkerrechtstheorie Hans Kelsens und seiner Schüler*, Baden-Baden: Nomos 2001; vgl. aber auch: Ernesto Laclau, *Emancipation(s)*, London: Verso 2007 [1996], S. 36 ff., bes. S. 44. Hier kommt die rechtliche Ermöglichung des Spiels von Hegemonie und Gegenhegemonie freilich zu kurz. In der Konsequenz wird die Differenz von instrumenteller und emanzipatorischer Aktion opak.

79 Vgl. zum Begriff der realen Möglichkeit Georg Wilhelm Friedrich Hegel, *Wissenschaft der Logik II*, Hamburg: Meiner 1975 [1816], S. 59, S. 176.

80 Alexander Somek, Europe: »From emancipation to empowerment« (LSE »Europe in Question« Discussion Paper Series 60 / 2013), London: The London School of Economics and Political Sciences 2013, S. 12, online verfügbar unter: {http://www.lse.ac.uk/europeanInstitute/LEQS/LEQSPaper60.pdf} (Stand Januar 2014).

81 Niles Eldredge / Stephen Jay Gould, »Punctuated equilibria: An alternative to phyletic gradualism«, in: *Models in Paleobiology*, herausgegeben von Thomas. J. M. Schopf, San Francisco: Freeman, Cooper & Co. 1972, S. 82.115; Stephen Jay Gould / Richard C. Lewontin, »The spandrels of San Marco and the Panglossian paradigm: A critique of the adaptationist programme«, in: *Proceedings of the Royal Society of London* 205 / 1161 (1979), S. 581-598, online verfügbar unter: {http://rspb.royalsocietypublishing.org/content/205/1161/581.full.pdf} (Stand Januar 2014); Stephen Jay Gould, »Episodic change versus gradualist dogma«, in: *Science and Nature* 2 (1978), S. 5-12; vgl. auch Ernst Mayr, »Speciational evolution or punctuated equilibria«, in: *The Dynamics of Evolu-*

tion, herausgegeben von Albert Somit und Steven Peterson, New York: Cornell University Press 1992, S. 41-48, online verfügbar unter: {http://www.stephenjaygould.org/library/mayr_punctuated.html} (Stand Januar 2014). Die Funktion von »historical and structural constraints« sieht Gould darin, daß sie »directions of evolutionary change« kanalisieren (*The Structure of Evolutionary Theory*, Cambridge [Mass.]: Harvard University Press 2002, S. 26).

82 Hegel, *Wissenschaft der Logik II*, a. a. O., S. 424.

83 Der praktische, intersubjektiv verpflichtende Charakter des schlußfolgernden Redens und Denkens ist schon für die Hegelsche Logik konstitutiv; vgl. zur neueren Diskussion: Paul Lorenzen, *Normative Logic and Ethics*, Mannheim: Bibliographisches Institut 1969; Wilhelm Kamlah / Paul Lorenzen, *Logische Propädeutik*, Mannheim: Bibliographisches Institut 1967; Robert Brandom, *Making It Explicit: Reasoning, Representing, and Discursive Commitment*, Cambridge (Mass.): Harvard University Press 1994.

84 Émile Durkheim, *Erziehung, Moral und Gesellschaft. Vorlesung an der Sorbonne 1902 / 1903*, Frankfurt am Main: Suhrkamp 1984, S. 153 ff.

85 Ebd., S. 73 ff. Die Rationalisierung hat ihren (kontingenten) Endpunkt keineswegs in der – von Gott auf den Menschen übergehenden – Heiligkeit der Person, von der Durkheim gelegentlich spricht, sondern die Internalisierung und Versprachlichung des Heiligen hat umgekehrt die von Durkheim sehr genau erkannte Tendenz, sich »notwendigerweise gegen die Tradition [zu] wenden« (ebd., S. 74) und das Heilige (nicht ohne Verlust) zum Verschwinden zu bringen; vgl. auch Jürgen Habermas, *Theorie des kommunikativen Handelns*, Band 2, *Zur Kritik der funktionalistischen Vernunft*, Frankfurt am Main: Suhrkamp 1981, S. 118 ff.

86 Vgl. Hauke Brunkhorst, *Critical Theory of Legal Revolutions – Evolutionary Perspectives*, London / New York: Bloomsbury (im Erscheinen).

87 Theodor W. Adorno, *Negative Dialektik*, in: *Gesammelte Schriften*, Band 6, Frankfurt am Main: Suhrkamp 1973 [1966], S. 148 (meine Hervorhebung).

88 Hegel, *Wissenschaft der Logik II*, a. a. O., S. 59.

89 Immanuel Kant, *Der Streit der Fakultäten*, in: *Werkausgabe*, Band XI, Frankfurt am Main: Suhrkamp 1977 [1798], S. 261-393, S. 357.

90 Ebd., S. 358, S. 361.

91 Friedrich Müller, *Wer ist das Volk? Die Grundfrage der Demo-*

kratie – Elemente einer Verfassungstheorie VI, herausgegeben von Ralph Christensen, Berlin: Duncker & Humblot 1997, S. 56; vgl. auch Nico Krisch, *Beyond Constitutionalism. The Pluralist Structures of Post-National Law*, Oxford: Oxford University Press 2010, S. 84 f., 233 f.

92 Georg Wilhelm Friedrich Hegel, *Phänomenologie des Geistes*, herausgegeben von Johannes Hoffmeister, 6. Auflage, Hamburg: Meiner 1952 [1807], S. 16.

93 Ebd.

94 Georg Wilhelm Friedrich Hegel, *Vorlesungen über die Philosophie der Geschichte*, *Werke*, Band 12, Frankfurt am Main: Suhrkamp 1970, S. 31 f.

95 Karl Marx, *Grundrisse der Kritik der Politischen Ökonomie*, *Marx-Engels-Werke*, Band 42, Berlin: Dietz 1953, S. 25 f.

96 Marx, »Der 18. Brumaire des Louis Bonaparte«, a. a. O., S. 96 f.

97 Hegel, *Vorlesungen über die Philosophie der Geschichte*, a. a. O., S. 20.

98 Vgl. Markus Patberg, »Suprastaatliche Verfassungspolitik und die Methode der rationalen Rekonstruktion«, in: *Zeitschrift für Politische Theorie* 4/1 (2013), S. 80-89. So sind auch Habermas' Überlegungen zur Dialektik von Verfassungswirklichkeit und Verfassungsnorm in der heutigen EU zu verstehen; vgl. Jürgen Habermas, »Die Krise der Europäischen Union im Lichte einer Konstitutionalisierung des Völkerrechts – Ein Essay zur Verfassung Europas«, in: ders., *Zur Verfassung Europas. Ein Essay*, Berlin: Suhrkamp 2011, S. 39-96, S. 75 ff.; vgl. auch Daniel Gaus, »Rationale Rekonstruktion als Methode politischer Theorie zwischen Gesellschaftskritik und empirischer Politikwissenschaft«, in: *Politische Vierteljahrsschrift* 2 (2013), S. 231-255.

99 Marx, »Der 18. Brumaire des Louis Bonaparte«, a. a. O., S. 101.

100 Ebd., S. 97.

101 Jacques Delors, »Entwicklungsperspektiven der europäischen Gemeinschaft«, in: *Aus Politik und Zeitgeschichte* B1 (1993), S. 3-9, S. 3 f.

102 Marx, »Der 18. Brumaire des Louis Bonaparte«, a. a. O., S. 97.

103 Luhmann, *Die Gesellschaft der Gesellschaft*, a. a. O., S. 446, siehe auch S. 433. Bei Luhmann bezieht sich das auf die Evolution der modernen Gesellschaft überhaupt, die dann aber zur permanenten Revolution werden würde, wie schon Jefferson, Marx oder Trotzki vermutet hatten.

104 Habermas, *Theorie des kommunikativen Handelns*, Bd. 2, a. a. O., S. 228; vgl. Armin Nassehi, *Der soziologische Diskurs der Moderne*, Frankfurt am Main: Suhrkamp 2006, S. 126 f.

105 Vgl. Habermas, *Theorie des kommunikativen Handelns*, a. a. O.

106 Luhmann, *Die Gesellschaft der Gesellschaft*, a. a. O., S. 461.

107 Vgl. schon Émile Durkheim, *Die Regeln der soziologischen Methode*, Darmstadt: Luchterhand 1980 [1895], S. 67 ff., S. 159 ff.

108 Im technischen Jargon der Systemtheorie könnte man auch sagen, der Widerspruch von Mr. Hyde und Dr. Jekyll werde nochmals in Dr. Jekyll hineinkopiert. Das funktionalistische Vokabular aus Reflexion, Kopie, Projektion, Rekursion, System, Code, Programm, struktureller Kopplung usw. bleibt jedoch – aller Kritik am alteuropäischen Denken zum Trotz – ganz im alteuropäischen Horizont der optischen Metaphern, die das provinzielle europäische Denken von Platon bis Hegel bestimmt hat (vgl. Richard Rorty, *Der Spiegel der Natur: Eine Kritik der Philosophie*, Frankfurt am Main: Suhrkamp 1987 [1980]). Dem entgeht man, wenn man nicht nur, wie Luhmann, die dialogische Form dialektischer Negation zum Ausgangspunkt kommunikativer Variation macht, sondern das gesamte optische Vokabular durch das intersubjektive Vokabular kommunikativer Praxis und reziproker Verständigung ersetzt.

109 Für Hegel ist »alles Vernünftige« ein »Schluß«, der als »Entschluß« vollzogen werden muß (*Wissenschaft der Logik II*, a. a. O., S. 308, vgl. zum Zusammenhang von verpflichtendem Entschluß und konsistentem Schluß auch S. 275). Geht man mit Hegel und Brandom von überlappenden Bündeln von (*Kantian* und *managerial*) Begriffen aus, die ein inferentiell zusammenhängendes, normativ-praktisches Kontinuum bilden, dann verschwindet die Rationalitätslücke, die Mr. Hydes Welt von der Dr. Jekylls trennt, ohne daß der daseiende Widerspruch zwischen ihnen verschwinden würde oder verdrängt werden müßte. Es liegen zwar Ideen mit Ideen so wie Macht mit Macht im Streit, und Macht und Idee bilden immer ein Kontinuum (vgl. dazu Martti Koskenniemi, »International law as therapy. Reading the health of the nations«, in: *European Journal of International Law* 2 [2005], S. 329-341, S. 341), aber es ist die machttranszendierende Macht der Ideen, die in einem verpflichtenden Schluß von der einen zur andern führt, und nicht die Macht der Macht.

110 Vgl. Kaarlo Tuori, »The many constitutions of Europe«, in: *The Many Constitutions of Europe*, herausgegeben von Kaarlo Tuori und Suvi Sankari, Farnham / Burlington: Ashgate 2010, S. 3-30.
111 Tuori spricht treffend von »hi-jacking« (ebd., S. 16).
112 Vgl. Jürgen Bast, *Totalitärer Pluralismus. Zu Franz L. Neumanns Analysen der politischen und rechtlichen Struktur der NS-Herrschaft*, Tübingen: Mohr Siebeck 1999, S. 52 ff.
113 Vgl. Franz L. Neumann, *Wirtschaft, Staat, Demokratie. Aufsätze 1930-1954*, herausgegeben von Alfons Söllner, Frankfurt am Main: Suhrkamp 1978, S. 70 ff., S. 79 ff.
114 Die Formulierung von Art. 165 WRV ging weitgehend auf Sinzheimer zurück.
115 Neumann, *Wirtschaft, Staat, Demokratie*, a. a. O., S. 76 ff.
116 Vgl. Franz Böhm, *Wettbewerb und Monopolkampf. Eine Untersuchung zur Frage des wirtschaftlichen Kampfrechts und zur Frage der rechtlichen Struktur der geltenden Wirtschaftsordnung*, Baden-Baden: Nomos 2010 [1933].
117 Peter Behrens, »Weltwirtschaftsverfassung«, in: *Jahrbuch für neue politische Ökonomie*, Band 19 (2000), S. 5-27, S. 8 f.; vgl. zur Kritik am Wirtschaftsimperialismus des ordoliberalen Verfassungsdenkens Gunther Teubner, *Verfassungsfragmente. Gesellschaftlicher Konstitutionalismus in der Globalisierung*, Berlin: Suhrkamp 2012, S. 56 ff.
118 Friedrich A. Hayek, »The economic conditions of interstate federations«, in: Hayek, *Individualism and Economic Order*, University of Chicago Press 1980 [1939], S. 255-272, S. 271, zit. n. der deutschen Übersetzung in: Wolfgang Streeck, *Gekaufte Zeit. Die vertagte Krise des demokratischen Kapitalismus*, Berlin: Suhrkamp 2013, S. 146.
119 Friedrich A. Hayek, *Die Verfassung der Freiheit*, Tübingen: Mohr Siebeck 2005 [1960].
120 Vgl. Hayek, »The economic conditions of interstate federations«, a. a. O.
121 Florian Rödl, »Arbeitsverfassung«, in: *Europäisches Verfassungsrecht, Theoretische und dogmatische Grundzüge*, herausgegeben von Armin von Bogdandy und Jürgen Bast, Heidelberg: Springer 2010, zit. n. der Manuskriptfassung (2010), S. 13; vgl. auch Milène Wegmann, »European competition law: Catalyst of integration and

convergence«, in: Tuori / Sankari (Hg.), *The Many Constitutions of Europe*, a. a. O., S. 91-107, S. 94, S. 99 f., S. 102 f.

122 Treffend Robert Menasse, *Der Europäische Landbote. Die Wut der Bürger und der Friede Europas*, Wien: Zsolnay 2012, S. 69 ff.

123 Kritisch dazu Christian Joerges, *Das Recht im Prozeß der Konstitutionalisierung Europas* (Arbeitspapier 52 / 2002 des Mannheimer Zentrums für Europäische Sozialforschung), S. 14 ff., online verfügbar unter: {http://www.mzes.uni-mannheim.de/publications/wp/wp-52.pdf} (Stand Januar 2014). Die technokratische Interpretation bleibt bis heute für einen breiten Strom einflußreicher politikwissenschaftlicher Studien leitend; vgl. nur Giandomenico Majone, *Regulating Europe*, London: Routledge 1996; Andrew Moravcsik, *The Choice for Europe. Social Purpose and State Power from Messina to Maastricht*, Ithaca: Cornell University Press 1998. In der bislang besten Analyse der Union hat dies Fritz W. Scharpf mit der Kombination von negativer Integration und Output-Legitimation auf den (freilich normativ falschen) Begriff gebracht (*Regieren in Europa. Effektiv und demokratisch?*, Frankfurt am Main: Campus 1999).

124 Vgl. zur sozialstaatlichen Bedeutung der politischen Verfassung Pablo Holmes, »The rhetoric of ›legal fragmentation‹ and its discontents. Evolutionary dilemmas in the constitutional semantics of global law«, in: *Utrecht Law Review* 2 (2011); vgl. auch Tuori, »The many constitutions of Europe«, a. a. O., S. 15.

125 Wegmann, »European competition law«, a. a. O., S. 93.

126 Ulrike Herrmann, *Der Sieg des Kapitals*, Frankfurt am Main: Westend 2013, S. 220 ff.; vgl. auch Wendy Brown, »Wir sind jetzt alle Demokraten«, in: Giorgio Agamben / Alain Badiou et al., *Demokratie? Eine Debatte*, Berlin: Suhrkamp 2012 [2009], S. 55-71.

127 Claus Offe, »The European model of ›social‹ capitalism: Can it survive European integration?«, in: *The Journal of Political Philosophy* 11 / 4 (2003), S. 437-469, S. 463; vgl. auch Christian Joerges, »Europas Wirtschaftsverfassung in der Krise«, in: *Der Staat* 51 / 3 (2012), S. 357-385, S. 360 ff., S. 366 ff., S. 377 ff.; vgl. dazu Claudio Franzius / Ulrich K. Preuß, »Die Zukunft der Europäischen Demokratie«, Reihe »Europa« der Heinrich-Böll-Stiftung, Band 7, Berlin 2012, S. 70, online verfügbar unter: {http://www.boell.de/publikationen/publikationen-zukunft-europaeische-demokratie-publikation-13961.html} (Stand Januar 2014).

128 Sonja Buckel, »*Welcome to Europe*«. *Die Grenzen des europäischen Migrationsrechts. Juridische Auseinandersetzungen um das »Staatsprojekt Europa«*, Bielefeld: Transcript 2013, S. 24 f.

129 Vgl. Wegmann, »European competition law«, a. a. O., S. 94.

130 Früh erkannt von Heinhard Steiger (*Staatlichkeit und Überstaatlichkeit*, Berlin: Duncker & Humblot 1966).

131 Alfred Müller-Armack, *Studien zur Sozialen Marktwirtschaft*, Institut für Wirtschaftspolitik an der Universität Köln 1960, S. 11 f., S. 15.

132 Vgl. Rödl, »Arbeitsverfassung«, a. a. O., S. 14 ff.

133 Vgl. Walter Korpi, *The Democratic Class Struggle*, Boston / London: Routledge1983.

134 Wegmann, »European competition law«, a. a. O., S. 94, S. 99 f., S. 102 f.; vgl. zur aktuellen Bedeutung im Streit der Zentralbanken auch Charlotte Gaitanides, »Die Verfassung für Europa und das Europäische System der Zentralbanken«, in: *Europa und seine Verfassung*, herausgegeben von Charlotte Gaitanides, Stefan Kadelbach, Gil Carlos Rodriguez Iglesias, Gil Carlos Rodriguez, Baden-Baden: Nomos 2005, S. 550-558, S. 553 f.

135 Vgl. Ernst Forsthoff, »Begriff und Wesen des sozialen Rechtsstaats«, in: *Rechtsstaatlichkeit und Sozialstaatlichkeit*, herausgegeben von Ernst Forsthoff, Darmstadt: Wissenschaftliche Buchgesellschaft 1968, S. 145-164.

136 Jens Weidmann, »Die Stabilitätsunion sichern«, in: *Frankfurter Allgemeine Sonntagszeitung* (8. Juli 2012), S. 33; ders., »Der Euro verlangt eine Stabilitätsunion«, in: *Süddeutsche Zeitung* (27. Juni 2012), S. 28; Udo Di Fabio, »Das europäische Schuldendilemma als Mentalitätskrise«, in: *Frankfurter Allgemeine Zeitung* (22. Juni 2012), S. 9.

137 Von beiden Ideen hat sich der Neoliberalismus zugunsten globaler Oligopolbildung und der Identifikation des Gemeinwohls mit dem *shareholder value* verabschiedet.

138 Vgl. Hans Kelsen, »Demokratie und Sozialismus«, in: ders., *Demokratie und Sozialismus. Ausgewählte Aufsätze*, herausgegeben von Norbert Leser, Wien: Verlag der Wiener Volksbuchhandlung 1967 [1954], S. 170-210; vgl. auch Ernst Tugendhat, »Liberalism, liberty and the issue of economic human rights«, in: ders., *Philosophische Aufsätze*, Frankfurt am Main: Suhrkamp 1992, S. 352-370; Wolfgang Streeck, »Zum Verhältnis von sozialer Gerechtigkeit und Marktgerechtigkeit«, Vortragsmanuskript (erscheint auf italienisch 2014).

139 Rödl, »Arbeitsverfassung«, a. a. O., S. 9 f.

140 Ernst-Joachim Mestmäcker, »Einführung«, in: Franz Böhm, *Wettbewerb und Monopolkampf*, a. a. O., S. 5-14, S. 9.

141 Ich danke Willis Guerra Filho für diesen Hinweis (in einem Diskussionsbeitrag auf der Konferenz »Problemas Juridicos e Constitucionais da Sociedale Mundial« am 18. September 2013 in Brasilia).

142 Karl Marx, »Zur Kritik des Hegelschen Staatsrechts«, in: *Marx-Engels-Werke*, Band 1, Berlin: Dietz 1972 [1843], S. 201-333, S. 260.

143 Vgl. dazu klipp und klar Herrmann, *Der Sieg des Kapitals*, a. a. O., S. 217 ff.

144 Ein allgemeiner Mechanismus globalisierter Politik; vgl. dazu Klaus Dieter Wolf, *Die neue Staatsräson – Zwischenstaatliche Kooperation als Demokratieproblem der Weltgesellschaft*, Baden-Baden: Nomos 2000.

145 Vgl. Armin von Bogdandy, *Gubernative Rechtsetzung. Eine Neubestimmung der Rechtsetzung und des Regierungssystems unter dem Grundgesetz in der Perspektive gemeineuropäischer Dogmatik*, Tübingen: Mohr Siebeck 2000.

146 Landeshochschulgesetz Schleswig-Holstein, Parlamentsvorlage Abschnitt A, Absatz 2 (meine Hervorhebung – HB).

147 Thomas Biebricher, »Neoliberalismus, Krise und Demokratie«, unveröffentlichtes Manuskript, Frankfurt: 2013, S. 21 ff.; Somek spricht treffend (mit Hermann Heller) von *autoritärem Liberalismus* (*Individualism. An Essay on the Authority of the European Union*, Oxford University Press 2008).

148 Hans Kelsen, *Peace through Law*, Chapel Hill: University of North Carolina Press 1944; die evolutionäre Führungsrolle der Gerichte ist mittlerweile gut belegt: Andreas Fischer-Lescano, *Globalverfassung. Die Geltungsbegründung der Menschenrechte*, Weilerswist: Velbrück Wissenschaft 2004; vgl. auch Armin von Bogdandy / Ingo Venzke, *In wessen Namen? Internationale Gerichte in Zeiten globalen Regierens*, Berlin: Suhrkamp 2014; David S. Law / Mila Versteeg, »The evolution and ideology of global constitutionalism«, in: *California Law Review* 99 / 5 (2011), S. 1163-1257.

149 Vgl. Buckel, *»Welcome to Europe«*, a. a. O., S. 321.

150 Anna Katharina Mangold, *Gemeinschaftsrecht und deutsches Recht. Die Europäisierung der deutschen Rechtsordnung in historisch-empirischer Sicht*, Tübingen: Mohr Siebeck 2011, S. 37.

151 So in einem Urteil vom 21. Juni 1954 (Rs. 8 / 57); vgl. Mangold, *Gemeinschaftsrecht und deutsches Recht*, a. a. O., S. 42 f.
152 Mangold, *Gemeinschaftsrecht und deutsches Recht*, a. a. O., S. 42 f.
153 Ebd., S. 43.
154 EuGH Rs. 8 / 55 (1956), zit. n. Mangold, *Gemeinschaftsrecht und deutsches Recht*, a. a. O., S. 43 f.
155 Ebd., S. 53.
156 Vgl. auch Ingeborg Maus, *Zur Aufklärung der Demokratietheorie. Rechts- und demokratietheoretische Überlegungen im Anschluß an Kant*, Frankfurt am Main: Suhrkamp 1992; Jürgen Habermas, *Faktizität und Geltung. Beiträge zur Diskurstheorie des Rechts und des demokratischen Rechtsstaats*, Frankfurt am Main: Suhrkamp 1992.
157 Friedrich Müller, *Wer ist das Volk? Die Grundfrage der Demokratie – Elemente einer Verfassungstheorie VI*, herausgegeben von Ralph Christensen, Berlin: Duncker & Humblot 1997, S. 29.
158 Vgl. dazu knapp Christoph Möllers, »Dogmatik der grundgesetzlichen Gewaltengliederung«, in: *Archiv des öffentlichen Rechts* 4 (2007), S. 493-538, S. 502 ff.
159 Christian Calliess, »EUV Art. 7«, in: ders./Matthias Ruffert, *EUV / EGV. Das Verfassungsrecht der Europäischen Union mit Europäischer Grundrechtcharta. Kommentar*, 3. Auflage, München: Beck 2007, S. 360-420, S. 414.
160 Ähnlich dazu Christoph Möllers, »Pouvoir constituant – constitution – constitutionalization«, in: *Developing a Constitution for Europe*, herausgegeben von Erik O. Eriksen, John Erik Fossum und Augustín José Menéndez, London: Routledge 2004.
161 Vgl. Mangold, *Gemeinschaftsrecht und deutsches Recht*, a. a. O., S. 47 f.
162 Ebd., S. 52 f.
163 Vgl. Karen J. Alter, »The European Court's political power«, in: *West European Politics* 19 / 3 (1996), S. 458-487; Karen J. Alter, »Who are the ›Masters of the Treaty‹?«, in: *International Organization* 52 (1998), S. 121-147; Karen J. Alter / Sophie Meunier-Aitsahalia, »Judical politics in the European Community. European integration and the pathbreaking Cassis de Dijon decision«, in: *Comparative Political Studies* 4 (1994), S. 535-561; vgl. auch Mangold, *Gemeinschaftsrecht und deutsches Recht*, a. a. O., S. 426 ff.
164 So auch das Urteil des Verfassungsgerichts der Tschechischen Republik in der Sache »Lissabon«; vgl. dazu Isabelle Ley, »Brünn be-

treibt die Parlamentarisierung des Primärrechts. Anmerkungen zum zweiten Urteil des tschechischen Verfassungsgerichtshofs zum Vertrag von Lissabon vom 3. 11. 2009«, in: *Juristen-Zeitung* 65 / 4 (2010), S. 170 ff.; vgl. dazu umfassend Tanja Hitzel-Cassagnes, *Entgrenzung des Verfassungsbegriffs. Eine institutionentheoretische Rekonstruktion*, Baden-Baden: Nomos 2011.

165 EuGH Rs. C-45g / 02 (2004), zit. n. Buckel, »Welcome to Europe«, a. a. O., S. 125 ff.

166 Vgl. zum hegemonialen Ende der Geschichte Florian Rödl, »Die dialektische Entwicklung des Sozialen im Prozess der europäischen Integration«, in: *Festschrift zum 50-jährigen Bestehen des Bundessozialgerichts* (im Erscheinen).

167 EuGH Rs. 39 / 72 (1973), zit. n. Christian Calliess, »EUV Art. 1«, in: Calliess / Ruffert, *EUV/ EGV*, a. a. O., S. 3-27, S. 24.

168 BVerfG 45, 187 v. 21. Juni 1977 (»Lebenslange Freiheitsstrafe«). Dort heißt es in einer freilich noch kommunitaristisch kontaminierten, aber unzweideutigen Fassung, die »Freiheit«, »sich selbst zu bestimmen«, »versteht das Grundgesetz nicht als diejenige eines isolierten und selbstherrlichen, sondern als die eines gemeinschaftsbezogenen und gemeinschaftsgebundenen Individuums« (Abs. 144).

169 Aber Dr. Jekyll findet auch juristische Bundesgenossen, die seine berechtigten Einwände gerichtsfest machen könnten; vgl. Andreas Fischer-Lescano, »Austeritätspolitik und Menschenrechte. Rechtspflichten der Unionsorgane beim Abschluß von Memoranda of Understanding«, Rechtsgutachten im Auftrag der Kammer für Arbeiter/innen und Angestellte für Wien, Bremen 2013, online verfügbar unter: {http://media.arbeiterkammer.at/PDF/Austeri taetspolitik_und_Menschenrechte.pdf} (Stand Januar 2014).

170 Vgl. zu den beiden ersten Jürgen Habermas, »Die Krise der Europäischen Union im Lichte einer Konstitutionalisierung des Völkerrechts – Ein Essay zur Verfassung Europas«, in: ders., *Zur Verfassung Europas. Ein Essay*, Berlin: Suhrkamp 2011, S. 39-96, S. 59 ff., S. 65 ff., S. 72.

171 Vgl. Möllers, »Pouvoir constituant – constitution – constitutionalization«, a. a. O.; vgl. zur Erblast Hauke Brunkhorst, »Der lange Schatten des Staatswillenspositivismus – Parlamentarismus zwischen Untertanenrepräsentationn und Volkssouveränität«, in: *Leviathan* 3 (2003), S. 362-381; vgl. Christoph Schönberger, *Das Parlament im Anstaltsstaat*, Frankfurt am Main: Klostermann 1997.

172 Begründet in der bis an die Schwelle der Gegenwart (siehe nur das »Lissabon«-Urteil des BVerfG) hegemonialen These vom Staat als Verfassungsvoraussetzung; vgl. dazu die vernichtende Kritik von Christoph Möllers, *Staat als Argument*, München: Beck 2000, S. 129 ff., bes. S. 256 ff.

173 Vgl. Maus, *Zur Aufklärung der Demokratietheorie*, a. a. O.

174 So will es auch das Grundgesetz, zwar nicht in der vordemokratischen Auslegung Paul Kirchhofs, wohl aber in der in seiner treffenden Replik formulierten Sichtweise des Frankfurter Verwaltungsrechtlers Hans Meyer (»Diskussionsbeitrag«, in: *Kontrolle auswärtiger Gewalt. Veröffentlichungen der Vereinigung der Deutschen Staatsrechtslehrer* 56, Berlin: De Gruyter 1997, S. 110); vgl. auch Christian Tomuschat, »Diskussionsbeitrag«, in: *Kontrolle auswärtiger Gewalt*, a. a. O., S. 114.

175 Damian Chalmers / Gareth Davies / Giorgio Monti, *European Union Law*, Cambridge University Press 2010, Kindle-Edition, Pos. 5677.

176 Ebd.; vgl. zur prinzipiellen Begründung dieses Gedankens, der das liberale, staatsfixierte Rechtsstaatsverständnis sprengt, Habermas, *Faktizität und Geltung*, a. a. O., S. 305 f.

177 Vgl. (im Anschluß an Kelsen) Claudio Franzius, *Recht und Politik in der transnationalen Konstellation*, Frankfurt am Main: Campus (im Erscheinen), zit. n. dem Manuskript, S. 87 ff.; vgl. ferner Claudio Franzius' Besprechung von Habermas' *Zur Verfassung Europas* in: *Der Staat* 2 (2013), S. 317-321, S. 318; vgl. auch Franzius / Preuß, »Die Zukunft der Europäischen Demokratie«, a. a. O., S. 70.

178 Habermas, »Die Krise der Europäischen Union im Lichte einer Konstitutionalisierung des Völkerrechts«, a. a. O., S. 57; vgl. auch Daniel Gaus, »Demoi-kratie ohne Demo-kratie – welche Polity braucht eine demokratische EU?«, Vortrag, gehalten auf der Bad Homburger Tagung »Europe, Democracy and Critical Theory« (5. Dezember 2013).

179 Walter Benjamin, »Zur Kritik der Gewalt«, in: *Gesammelte Schriften*, Band II.1, Frankfurt am Main: Suhrkamp 1977 [1921], S. 179-203, S. 199.

180 Benjamin scheint jedoch am begrifflichen Zusammenhang von Recht und Gewalt festzuhalten und muß seine zutreffende Kritik an der Gewalt im Recht zu einer Kritik des Rechts als Recht radikalisieren. Aber das ist vielleicht nur eine mögliche Les-

art des komplexen Textes, den Benjamin im Winter 1920/1921 schrieb.

181 Ebd., S. 186; vgl. zum Begriff globaler Staatlichkeit in Abgrenzung zum Staat Matthias Albert, »Politik der Weltgesellschaft und Politik der Globalisierung: Überlegungen zur Emergenz von Weltstaatlichkeit«, in: *Zeitschrift für Soziologie,* Sonderheft »Weltgesellschaft« (2005), S. 223-239; vgl. auch Mathias Albert/Rudolf Stichweh (Hg.), *Weltstaat und Weltstaatlichkeit. Beobachtungen globaler politischer Strukturbildung*, Wiesbaden: VS 2007; vgl. zur kosmopolitischen Unvollständigkeit des europäischen Projekts Habermas, »Die Krise der Europäischen Union im Lichte einer Konstitutionalisierung des Völkerrechts«, a. a. O., S. 82 ff.

182 Hans Kelsen, *Das Problem der Souveränität und die Theorie des Völkerrechts*, Aalen: Scientia 1981 [1920].

183 Benjamin, »Zur Kritik der Gewalt«, a. a. O., S. 188.

184 Vgl. Jonas Christoffersen/Mikael R. Madsen (Hg.), *The European Court of Human Rights between Law and Politics*, Oxford University Press 2011.

185 Vgl. dazu im einzelnen: Buckel, *»Welcome to Europe«*, a. a. O., S. 169 ff.

186 Vgl. zur Prozeduralisierung der Volkssouveränität Maus, *Zur Aufklärung der Demokratietheorie*, a. a. O.; Habermas, *Faktizität und Geltung*, a. a. O.

187 Müller, »Wer ist das Volk?«, a. a. O., S. 27; Friedrich Müller, *Demokratie in der Defensive. Funktionale Abnutzung, soziale Exklusion, Globalisierung – Elemente einer Verfassungstheorie VII*, herausgegeben von Ralph Christensen, Berlin: Duncker & Humblot 2001, S. 51.

188 Auch auf dem linken Flügel, vgl. nur Dieter Grimm, *Die Zukunft der Verfassung II: Auswirkungen von Europäisierung und Globalisierung*, Berlin: Suhrkamp 2012.

189 Klar erkannt in Hans Kelsen, *The Law of the United Nations. A Critical Analysis of Its Fundamental Problems*, New York: Praeger 1950.

190 Ich beziehe mich hier auf einen Vortrag von Christoph Möllers an der Graduate Faculty der New School for Social Research in New York im März 2010.

191 Ganz im Sinne von Carl Schmitts Bundestheorie; vgl. Carl Schmitt, *Verfassungslehre*, Berlin: Duncker & Humblot 1989 [1928], S. 366 ff.

192 Benjamin, »Zur Kritik der Gewalt«, a. a. O., S. 188.

193 Vgl. Alexander Somek, »Kelsen lives«, in: *The European Journal of International Law* 3 (2007), S. 409-451. Die ohnehin immer nur fingierte Annahme eines Kollektivsubjekts liegt auch der wirkmächtigen Unterscheidung Scharpfs zwischen demokratischer Input- und (vorgeblich) demokratischer Output-Legitimation zugrunde (vgl. Fritz W. Scharpf, *Regieren in Europa*, a. a. O.). Das ist legitimationstheoretisch kaum haltbar; vgl. dazu kritisch Hauke Brunkhorst, »Globale Solidarität: Inklusionsprobleme der modernen Gesellschaft«, in: *Die Öffentlichkeit der Vernunft und die Vernunft der Öffentlichkeit. Festschrift für Jürgen Habermas*, herausgegeben von Lutz Wingert / Klaus Günther, Frankfurt am Main: Suhrkamp 2001, S. 605-626, S. 621 f.; ähnlich Christoph Möllers, *Gewaltengliederung. Legitimation und Dogmatik im nationalen und internationalen Rechtsvergleich*, Tübingen: Mohr Siebeck 2005, S. 37 f.

194 Armin von Bogdandy, »Grundprinzipien«, in: *Europäisches Verfassungsrecht, Theoretische und dogmatische Grundzüge*, herausgegeben von Bogdandy und Jürgen Bast, Heidelberg: Springer 2010, S. 13-71, S. 64, zit. n. Habermas, »Die Krise der Europäischen Union im Lichte einer Konstitutionalisierung des Völkerrechts«, a. a. O., S. 68.

195 Habermas, »Die Krise der Europäischen Union im Lichte einer Konstitutionalisierung des Völkerrechts«, a. a. O., S. 67 f.

196 Friedrich Müller / Ralph Christensen, *Juristische Methodik*, Bd. II, *Europarecht*, Berlin: Duncker & Humblot 2003, S. 363 f.

197 Armin von Bogdandy, »The European lesson for international democracy: The significance of Articles 9–12 EU Treaty for international organizations«, in: *The European Journal of International Law* 23 / 2 (2012), S. 315-334; konkreter Franzius / Preuß, »Die Zukunft der Europäischen Demokratie«, a. a. O.

198 Dimitry Kochenov, »Citizenship without respect: The EU's troubled equality ideal« (Jean Monnet Working Paper 08 / 10), New York: NYU School of Law 2010, S. 66 f. (meine Hervorhebung – HB), online verfügbar unter: {http://www.jeanmonnet program.org/papers / 10 / 100 801.pdf} (Stand Januar 2014).

199 Vgl. zum Begriff kommunikativer Freiheit, der nicht mit kommunikativer Vernunft identisch, ihm aber verwandt ist, Michael Theunissen, *Sein und Schein. Die kritische Funktion der Hegelschen Logik*, Frankfurt am Main: Suhrkamp 1980, S. 433-473, S. 486; vgl. auch Habermas, *Faktizität und Geltung*, a. a. O., S. 151 ff.

200 Habermas, »Die Krise der Europäischen Union im Lichte einer Konstitutionalisierung des Völkerrechts«, a. a. O., S. 60; ähnlich schon Hauke Brunkhorst, *Solidarität. Von der Bürgerfreundschaft zur globalen Rechtsgenossenschaft*, Frankfurt am Main: Suhrkamp 2002, S. 225.

201 Vgl. zum folgenden Brunkhorst, *Solidarität*, a. a. O., S. 225.

202 Möllers, *Staat als Argument*, a. a. O., S. 404.

203 Vgl. zur Unterscheidung der logischen von der empirischen Genese von Rechten Habermas, *Faktizität und Geltung*, a. a. O., S. 154 f.

204 Luhmann, Legitimation durch Verfahren, a. a. O., S. 122.

205 Zur Rolle der Repolitisierung von Verfahren im Prozeß demokratischer Legitimation vgl. übereinstimmend: Bruce Ackerman, *We the People*, 2 Bände, Cambridge (Mass.): Harvard University Press 1998; Wolfgang Abendroth, »Innergewerkschaftliche Willensbildung, Urabstimmung und ›Kampfmaßnahmen‹«, in: *Arbeit und Recht* 7 (1959), S. 261-263, S. 263. Durch Repolitisierung wird z. B. in Musterprozessen großer Verbände, wie Luhmann unter Verweis auf diese Textstelle Abendroths zu Recht betont, »die Legitimität der Justiz problematisiert« (*Legitimation durch Verfahren*, a. a. O., S. 124) und genau dadurch für öffentliche Deliberation und demokratische Gesetzgebung von unten geöffnet.

206 Anna Katharina Mangold, »Democratic legitimacy of EU-Law. Two proposals to strengthen democracy in the European Union«, Vortrag, gehalten auf der Bad Homburger Tagung »Europe, Democracy and Critical Theory« (5. Dezember 2013).

207 Vgl. Daniel Halberstam, »Local, global, and plural constitutionalism«, in: *The Worlds of European Constitutionalism*, herausgegeben von Gráinne De Búrca / Joseph H. H. Weiler, Cambridge University Press 2010, S. 1-38; vgl. auch ders., »Constitutional heterarchy: The centrality of conflict in the European Union and the United States«, in: *Ruling the World? Constitutionalism, International Law, and Global Government*, herausgegeben von Jeff Dunoff und Joel Trachtman, Cambridge University Press 2009, S. 326-355; vgl. auch Alec Stone-Sweet, »Constitutionalism, legal pluralism, and international regimes«, in: *Indiana Journal for Global Legal Studies* 16 (2009), S. 621-645; vgl. auch Krisch, *Beyond Constitutionalism*, a. a. O., S. 85 ff., S. 119 ff., S. 239 f.

208 Andreas Voßkuhle, »Multilevel cooperation of the European Constitutional Courts. Der Europäische Verfassungsgerichtsverbund«, in: *European Constitutional Law Review* 6 (2010), S. 175-198.

209 Habermas, »Die Krise der Europäischen Union im Lichte einer Konstitutionalisierung des Völkerrechts«, a. a. O., S. 59 f., S. 65; vgl. zur Übertragung von Hoheitsrechten auch Carl Otto Lenz, »Ausbrechender Rechtsakt. Das Urteil des Bundesverfassungsgerichts zum EU-Vertrag von Lissabon legt das integrationsoffene Grundgesetz in einer einseitig restriktiven Weise aus«, in: *Frankfurter Allgemeine Zeitung* (8. August 2009).

210 Vgl. dazu generell Hauke Brunkhorst, »Unbezähmbare Öffentlichkeit. Europa zwischen transnationaler Klassenherrschaft und egalitärer Konstitutionalisierung«, in: *Leviathan* 1 (2007), S. 12-29; vgl. auch Torsten Thiel, »Republikanismus und die Europäische Union. Eine Neubestimmung des Diskurses um die Legitimität europäischen Regierens«, Baden-Baden: Nomos, 2011, S. 196 ff., S. 224 ff.; vgl. auch Claudio Franzius, *Recht und Politik in der transnationalen Konstellation*, Frankfurt am Main: Campus (im Erscheinen), zit. n. dem Manuskript, S. 20 ff.

211 Franzius spricht von »kontestatorischer Legitimation« (*Recht und Politik in der transnationalen Konstellation*, a. a. O.); vgl. zur Prinzipienbildung im internationalrechtlichen Kontext Armin von Bogdandy, »Grundprinzipien von Staat, supranationalen und internationalen Organisationen«, in: *Handbuch des Staatsrechts der Bundesrepublik Deutschland*, S. 275-304. Einen vergleichbaren Status haben Kollisionsregeln; vgl. dazu Christian Joergs, Inger-Johanne Sand / Gunther Teubner (Hg.), *Transnational Governance and Constitutionalism*, Oxford: Hart 2004; Rainer Nickel, »The missing link in global law: Regime collisions, societal constitutionalism, and participation in global governance«, in: *Globalization, Law and Economy. Proceedings of the 22nd IVR World Congress Granada 2005*, Band IV, herausgegeben von Nicolás López Calera, Stuttgart: Franz Steiner Verlag 2007, S. 237-250.

212 Signifikant ist in diesem Kontext die Debatte, die Stephen Breyer und Antonin Scalia, Richter am US-amerikanischen Supreme Court, sich im Jahr 2009 auf dem Treffen der Federal and Constitutional Society an der University of Arizona geliefert haben; ein Mitschnitt ist online verfügbar unter: {https://www.youtube.com/watch?v=_4n8gOUzZ8I} (Stand Januar 2014); vgl. aber auch die Entscheidung des amerikanischen Supreme Courts in der Sache »Graham v. Florida« vom 17. Mai 2010, online verfügbar unter: {http://www.supremecourt.gov/opinions / 09pdf / 08-7412.pdf} (Stand Januar 2014); vgl. auch Rainer Nickel, »Transnational borrowing among

judges. Towards a common core of European and global constitutional law?«, in: *Conflicts of Law and Laws of Conflict in Europe and Beyond*, herausgegeben von Rainer Nickel, Oslo: Arena 2009, S. 281-306.

213 Vgl. zum Begriff des Verhandlungssystems Helmut Willke, *Ironie des Staates. Grundlinien einer Staatstheorie polyzentrischer Gesellschaft*, Frankfurt am Main: Suhrkamp 1992, S. 46, S. 71 f., S. 78 f., S. 123 f., S. 317 ff.

214 Christoph Möllers, »Fragmentierung als Demokratieproblem?«, in: *Strukturfragen der Europäischen Union*, herausgegeben von Claudio Franzius, Franz C. Meyer und Jürgen Neyer, Baden-Baden: Nomos 2010, 150-172, S. 170.

215 Florian Rödl, private Mitteilung (7. Dezember 2013).

216 Vgl. knapp zur Rolle der Versicherungsgesellschaften, die bei der wohlfeil moralisierenden Polemik gegen Spekulanten und Gier gern übersehen wird, Herrmann, *Der Sieg des Kapitals*, a. a. O., S. 229.

217 Habermas, *Faktizität und Geltung*, a. a. O., S. 305.

218 Erhard Denninger, *Der gebändigte Leviathan*, Baden-Baden: Nomos 1990, S. 148, zit. n. Habermas, *Faktizität und Geltung*, a. a. O., S. 306.

219 Habermas, *Faktizität und Geltung*, a. a. O., S. 306.

220 Ebd., S. 305 f.

221 Müller / Christensen, *Europarecht*, a. a. O., S. 363 f.

222 Habermas, *Faktizität und Geltung*, a. a. O., S. 151, S. 156 f.

223 Hannah Arendt, *Macht und Gewalt*, München / Zürich: Piper 1970, S. 42.

224 Alexander Somek, Europe: »From emancipation to empowerment« (LSE »Europe in Question« Discussion Paper Series 60 / 2013), London: The London School of Economics and Political Sciences 2013, S. 51 ff., online verfügbar unter: {http://www.lse.ac.uk/european Institute / LEQS / LEQSPaper60.pdf} (Stand Januar 2014).

225 EU-Kommission, »Consumer empowerment in the EU«, online verfügbar unter: {http://ec.europa.eu/consumers/consumer_empo werment/docs/swd_consumer_empowerment_eu_en.pdf} (Stand Januar 2014), S. 2.

226 Mit desaströsen Folgen für die Gleichheit vor dem Gesetz; vgl. dazu Kochenov, *Citizenship without Respect*, a. a. O.

227 Alfons Bürge, *Römisches Privatrecht*, Darmstadt: Wissenschaftliche Buchgesellschaft 1999, S. 174.

228 Joseph H. H. Weiler, »To be a European citizen – Eros and civilisation«, in: *Journal of European Public Policy* 4 (1997), S. 495-519, S. 503. In Fällen wie »Walrave und Koch«, »Bosman«, »Viking« und »Laval« hat der EuGH denn auch einen Vorrang der Grundfreiheiten vor Grundrechten konstruiert; vgl. Sonja Buckel / Lukas Oberndorfer, »Die lange Inkubationszeit des Wettbewerbs der Rechtsordnungen – Eine Genealogie der Rechtsfälle Viking / Laval / Rüffert / Luxemburg aus der Perspektive einer materialistischen Europarechtstheorie«, in: *Europäische Gesellschaftsverfassung. Zur Konstitutionalisierung sozialer Demokratie in Europa*, herausgegeben von Andreas Fischer-Lescano, Florian Rödl und Christoph Schmid, Baden-Baden: Nomos 2009, S. 277-296, S. 285.

229 »Konkretisierung« geht auf Kelsen zurück; ähnlich, aber unter Vermeidung von Kelsens logizistischem Deduktivismus: Friedrich Müller, *»Richterrecht« – Elemente einer Verfassungstheorie IV*, Berlin: Duncker & Humblot 1986, S. 13, S. 34, S. 38, S. 47 ff., S. 88 ff.; ders., *Demokratie zwischen Staatsrecht und Weltrecht. Nationale, staatlose und globale Formen menschenrechtsgestützter Globalisierung – Elemente einer Verfassungstheorie VIII*, Berlin: Duncker & Humblot 2003, S. 52 f.; ders./Christensen, *Europarecht*, a. a. O., S. 170, S. 185, S. 198 f., S. 363, S. 437 f.

230 Florian Rödl, private Mitteilung (7. Dezember 2013).

231 Vgl. zum »sense of injustice« Barrington Moore, *Injustice. The Social Bases of Obedience and Revolt*, New York: Sharpe 1978.

232 Ernst Bloch, *Naturrecht und menschliche Würde*, Frankfurt am Main: Suhrkamp 1975 [1961], S. 13; vgl. zum Versuch einer Aktualisierung: Seyla Benhabib, »Zur Utopie und Anti-Utopie in unsern Zeiten« (2009), online verfügbar unter {http://www.yale.edu/polisci/sbenhabib/papers/Bloch%20Preis%20Rede.pdf} (Stand Januar 2014).

233 Bloch, *Naturrecht und menschliche Würde*, a. a. O., S. 13.

234 Mikael R. Madsen, »The protracted institutionalization of the Strasbourg Court: From legal diplomacy to integrationist jurisprudence«, in: Christoffersen / Madsen (Hg.), *The European Court of Human Rights between Law and Politics*, a. a. O., S. 43-60, S. 53 f.; vgl. auch Krisch, *Beyond Constitutionalism*, a. a. O., S. 137 f.

235 Claudio Franzius, »Recht und Politik in der transnationalen Konstellation«, in: *Archiv des öffentlichen Rechts* 2 (2013), S. 204-288, S. 252; vgl. zu Globalisierung und Vertreibung Maik Novotny, »Exilierte auf der globalen Straße«, Interview mit Saskia Sassen, in: *Der Standard* (22. Februar 2013), online verfügbar unter: {http://derstan

dard.at/136 124 0 871 007/Saskia-Sassen-Interview-Exilierte-auf-der-globalen-Strasse} (Stand Januar 2014).

236 Vgl. Hauke Brunkhorst, »Die Französische Revolution und die Erklärung der Rechte des Menschen und des Bürgers«, in: *Menschenrechte – Ein interdisziplinäres Handbuch*, herausgegeben von Arnd Pollmann und Georg Lohmann, Stuttgart: Metzler 2012, S. 99-105; ders., »Die Amerikanische Unabhängigkeitserklärung und die Virginia Declaration of Rights«, in: Pohlmann / Lohmann (Hg.), Menschenrechte, a. a. O., S. 91-98; im Kontext: ders., *Critical Theory of Legal Revolutions – Evolutionary Perspectives*, London / New York: Bloomsbury (im Erscheinen), Kapitel III, Abschnitt III.

237 Ernst Cassirer, *Der Mythus des Staates*, Frankfurt: Fischer 1988 [1946].

238 Vgl. Gaus, »Demoi-kratie ohne Demo-kratie«, a. a. O.

239 Vgl. mit weiteren Literaturhinweisen zur laufenden Debatte Hauke Brunkhorst, *Legitimationskrisen – Verfassungsprobleme der Weltgesellschaft*, Baden-Baden: Nomos 2012, S. 137 ff., S. 174 ff., S. 180 ff.

240 Hans Kelsen, »Gott und Staat«, in: *Aufsätze zur Ideologiekritik*, herausgegeben von Ernst Topitsch, Neuwied: Luchterhand 1964 [1923], S. 29-55.

241 Frühzeitig antizipiert von Talcott Parsons, »Order and community in the international social system«, in: *International Politics and Foreign Policy*, herausgegeben von James N. Rosenau, Glencoe: The Free Press 1961, S. 120-129.

242 David S. Law / Mila Versteeg, »The evolution and ideology of global constitutionalism«, in: *California Law Review* 99 / 5 (2011), S. 1163-1257.

243 Vgl. Talcott Parsons, »Evolutionary universals in society«, in: *American Sociological Review* 29 / 3 (1964), S. 339-357; Niklas Luhmann, *Die Gesellschaft der Gesellschaft*, Frankfurt am Main: Suhrkamp 1997, S. 505-516.

244 Vgl. Philipp Dann, »Looking through the federal lens: The semi-parliamentary democracy of the EU« (Jean Monnet Working Paper 05 / 02), New York: NYU School of Law 2002; Philipp Dann, »The political institutions«, in: Bogdandy / Bast (Hg.), *Europäisches Verfassungsrecht*, a. a. O., S 229-279., S. 245 ff.

245 Ebd., S. 254.

246 Vgl. dazu die gute Analyse in Christian Joerges / Jürgen Neyer, »From intergovernmental bargaining to deliberative demo-

cracy«, in: *European Law Journal* 3 (1997), S. 274-300; vgl. auch Christian Joerges / Ellen Vos (Hg.), *EU Committees. Social Regulation, Law and Politics*, Oxford: Hart 1999.

247 Dann, »The political institutions«, a. a. O., S. 253.

248 Vgl. Armin von Bogdandy, *Gubernative Rechtsetzung. Eine Neubestimmung der Rechtsetzung und des Regierungssystems unter dem Grundgesetz in der Perspektive gemeineuropäischer Dogmatik*, Tübingen: Mohr Siebeck 2000.

249 Vgl. Jürgen Bast, »Europäische Gesetzgebung – Fünf Stationen in der Verfassungsentwicklung der EU«, in: Franzius / Meyer / Neyer (Hg.), *Strukturfragen der Europäischen Union*, a. a. O., S. 173-180.

250 Claudio Franzius, *Europäisches Verfassungsrechtsdenken*, Tübingen: Mohr Siebeck 2010, S. 57, zit. n. Habermas, »Die Krise der Europäischen Union im Lichte einer Konstitutionalisierung des Völkerrechts«, a. a. O., S. 67.

251 Vgl. zur Unterscheidung von Staatsgewalt und öffentlicher Gewalt im internationalen Recht auch Armin von Bogdandy, »Grundprinzipien von Staat, supranationalen und internationalen Organisationen«, in: *Handbuch des Staatsrechts der Bundesrepublik Deutschland*, S. 275-304; vgl. auch Habermas, »Die Krise der Europäischen Union im Lichte einer Konstitutionalisierung des Völkerrechts«, a. a. O.

252 Armin Schäfer, »Liberalization, inequality and democracy's discontent«, in: *Politics in the Age of Austerity*, herausgegeben von Armin Schäfer und Wolfgang Streeck, Cambridge: Polity 2013, S. 169-195.

253 EU-Kommission, »Consumer Empowerment«, a. a. O.

254 Vgl. Franzius / Preuß, »Die Zukunft der Europäischen Demokratie«, a. a. O., S. 134.

255 Florian Rödl, »Zu Begriff und Perspektiven demokratischer und sozialer Union«, in: *Europarecht*, Beiheft 1 (2013), S. 179-204.

256 Ebd., S. 9 f.

257 Die Troika ist ein Verbund der ausschließlich exekutiven Chefetagen der Europäischen Kommission, der EZB und des Internationalen Währungsfonds (IWF), die vor allem für das unverrückbar harte Soft-law-Regime der Memoranda of Understanding mit den Krisenstaaten der europäischen Peripherie zuständig sind. In jeder Hinsicht ist die mächtige, parlamentarisch und juristisch unkontrollierte, auch den Nationalstaaten entzogene Herrschaft der Troika eine hybride Formation und gerade deshalb so schwer faß-

bar. Kommission und Zentralbank sind EU-Organe, der IWF ist es nicht. Die Vertragsform ist international erzeugt, aber dem öffentlichen Recht der EU auf unklare Weise integriert. Die Memoranda of Unterstanding haben die Form einer rechtlich unverbindlichen Vereinbarung, kommen in ihrer Rechtswirkung aber einem Vollstreckungsbefehl gleich.

258 Der gegenwärtige griechische Außenminister argumentiert bereits in diesem Sinne; vgl. Michael Martens, »Unsere Erfolge sind beeindruckend«, ein Gespräch mit Evangelos Venizelos, in: *Frankfurter Allgemeine Sonntagszeitung* (5. Januar 2014), S. 2.

259 Tuori, »The many constitutions of Europe«, a. a. O., S. 24 ff.

260 Fritz W. Scharpf, »Demokratische Politik in Europa«, in: *Zur Neuordnung der Europäischen Union. Die Regierungskonferenz 1996/97*, herausgegeben von Dieter Grimm, Joachim Jens Hesse, Reimut Jochimsen und Fritz W. Scharpf, Baden-Baden: Nomos 1997, S. 65-91, S. 82.

261 Ebd., S. 82 ff.; vgl. auch Kolja Möller, »Die Europäische Sozialunion«, in: *Interdisziplinäre Europastudien*, herausgegeben von Ulrike Liebert / Jana Wolff (Hg.), Heidelberg: Springer VS (im Erscheinen), zit. n. dem Manuskript.

262 Armin Schäfer, »Mehr Markt, weniger Beteiligung?«, Vortrag, gehalten auf der Darmstädter Tagung »Soziale Krise der Demokratie« (6. Juli 2013); vgl. auch ders./Harald Schoen, »Mehr Demokratie, aber nur für wenige? Der Zielkonflikt zwischen mehr Beteiligung und politischer Gleichheit«, in: *Leviathan* 1 (2013), S. 94-120; Schäfer, »Liberalization, inequality and democracy's discontent«, a. a. O.

263 Buckel, »Welcome to Europe«, a. a. O., S. 94 f., S. 124 ff.; Eva Hartmann, *Auf dem Weg zu einem globalen Hochschulraum*, Baden-Baden: Nomos 2011, S. 90 f., S. 97.

264 Vgl. zur Idee einer intersubjektiven Erweiterung des *Kantian mindset* und den demokratietheoretischen und methodischen Implikationen dieser Erweiterung auch Daniel Gaus, »Rationale Rekonstruktion als Methode politischer Theorie zwischen Gesellschaftskritik und empirischer Politikwissenschaft«, in: *Politische Vierteljahrsschrift* 2 (2013), S. 231-255; Markus Patberg, »Suprastaatliche Verfassungspolitik und die Methode der rationalen Rekonstruktion«, in: *Zeitschrift für Politische Theorie* 4/1 (2013), S. 80-89.

265 Ich übernehme den Begriff der »Liberalisierungsmaschine« von Achim Schäfer, der ihn auf der Darmstädter Tagung »Soziale Krise der Demokratie« im Juli 2013 ins Spiel gebracht hat.

266 Vgl. Claudio Franzius / Ulrich K. Preuß, »Die Zukunft der Europäischen Demokratie«, Reihe »Europa« der Heinrich-Böll-Stiftung, Band 7, Berlin 2012, S. 70, online verfügbar unter: {http://www.boell.de/publikationen/publikationen-zukunft-europaeische-demokratie-publikation-13 961.html} (11. Januar 2014); vgl. Florian Rödl, »Die dialektische Entwicklung des Sozialen im Prozess der europäischen Integration«, in: *Festschrift zum 50-jährigen Bestehen des Bundessozialgerichts* (im Erscheinen).

267 Die beiden Urteile interpretieren die Verträge als Verbot praktisch aller handelsbeschränkenden Maßnahmen der Gliedstaaten und konsolidieren damit den Vorrang europäischen Rechts.

268 Waren dürfen in Frankreich (bzw. allen EU-Ländern) unter dem Einkaufspreis verkauft werden, wenn das in Deutschland (bzw. irgendeinem EU-Land) nicht verboten ist.

269 In »Viking«, »Laval« und einer Reihe weiterer Verfahren hat der Gerichtshof der Niederlassungsfreiheit und der Dienstleistungsfreiheit Vorrang vor der gewerkschaftlichen Aktionsfreiheit eingeräumt und das Streikrecht massiv eingeschränkt; vgl. Sonja Buckel / Lukas Oberndorfer, »Die lange Inkubationszeit des Wettbewerbs der Rechtsordnungen – Eine Genealogie der Rechtsfälle Viking / Laval / Rüffert / Luxemburg aus der Perspektive einer materialistischen Europarechtstheorie«, in: *Europäische Gesellschaftsverfassung. Zur Konstitutionalisierung sozialer Demokratie in Europa*, herausgegeben von Andreas Fischer-Lescano, Florian Rödl und Christoph Schmid, Baden-Baden: Nomos 2009, S. 277-296; vgl. auch Martin Höpner, »Soziale Demokratie? Die politökonomische Heterogenität Europas als Determinante des demokratischen und sozialen Potenzials der EU«, in: *Europarecht*, Beiheft 1 (2013), S. 69-89, hier: S. 77 ff.; Alexander Somek, »Sozialpolitik in Europa: Von der Domestizierung zur Entwaffnung«, in: *Europarecht*, Beiheft 1 (2013), S. 49-68, hier: S. 64 ff.

270 Norbert Reich, »The ›November Revolution‹ of the European Court of Justice«, in: *Common Market Law Review* 31 (1994), S. 459-492.

271 Florian Rödl, »Zu Begriff und Perspektiven demokratischer und

sozialer Union«, in: *Europarecht*, Beiheft 1 (2013), S. 179-204, S. 199.

272 Ebd., S. 196 ff.

273 Joseph H. H. Weiler, »Europa: ›Nous coalisons des etats nous n'unissons pas des hommes‹«, in: *La Sostenibilità della democrazia nel XXI secolo*, herausgegeben von Marta Cartabia und Andrea Simoncini, Bologna: Il Mulino 2009, S. 51, zit. n. Dimitry Kochenov, »Citizenship without respect: The EU's troubled equality ideal« (Jean Monnet Working Paper 08 / 10), New York: NYU School of Law 2010, S. 75, online verfügbar unter: {http://www.jeanmonnetprogram.org/papers/10/100801.pdf} (Stand Januar 2014).

274 Vgl. zum Begriff des sich selbst steuernden, aber durchaus interessengebundenen »Regimes« Wolfgang Streeck / Daniel Mertens, »Politik im Defizit. Austerität als fiskalpolitisches Regime« (MPIfG Discussion Papers 10 / 5), Köln: Max-Planck-Institut für Gesellschaftsforschung 2010, S. 8 ff. (im Anschluß an Gøsta Esping-Andersen, *Three Worlds of Welfare Capitalism*, Princeton University Press 1990), online verfügbar unter: {http://www.mpifg.de/pu/mpifg_dp/dp10-5.pdf} (Stand Januar 2014).

275 Niklas Luhmann, »Globalization or world society: How to conceive of modern society?«, in: *International Review of Sociology* 7 / 1 (1997), S. 67-79.

276 Vgl. Alex Rühle, »Wenn Sparen tötet«, in: *Süddeutsche Zeitung* [6. Juli 2013], online verfügbar unter: {http://www.sueddeutsche.de/gesundheit/finanzkrise-in-europa-wenn-sparen-toetet-1.1713150}.

277 Vgl. Maik Novotny, »Exilierte auf der globalen Straße«, Interview mit Saskia Sassen, in: *Der Standard* (22. Februar 2013), online verfügbar unter: {http://derstandard.at/1361240871007/Saskia-Sassen-Interview-Exilierte-auf-der-globalen-Strasse} (Stand Januar 2014).

278 Die Zitate stammen von Frank Plasberg (zit. n. Stefan Niggemeier, »Wofür Frank Plasberg wirbt«, online verfügbar unter: {http://www.stefan-niggemeier.de/blog/wofuer-frank-plasberg-wirbt/} [Stand Januar 2014]).

279 Wieder aktuell: Herbert Marcuse, »Repressive Toleranz«, in: Robert Paul Wolff / Barrington Moore / Herbert Marcuse, *Kritik der reinen Toleranz*, Frankfurt am Main: Suhrkamp 1966, S. 91-127.

280 Zit. n. »EU-Kommission lässt beim Rettungsfonds nicht locker«,

auf: *Zeit online* (24. Januar 2011), online verfügbar unter: {http://www.zeit.de/politik/ausland / 2011-01 / euro-krise-rehn-wester welle} (Stand Januar 2014).

281 Luhmann, *Legitimation durch Verfahren*, a. a. O., S. 124, 121.

282 Luhmann sah die Form des ritualisierten Verfahrens noch auf den Ostblock beschränkt (*Legitimation durch Verfahren*, a. a. O., S. 51), obwohl er es in seinen Formulierungen schon für den Westen antizipiert. Auf jeden Fall indiziert die postdemokratische Ritualisierung des Verfahrens eine Krise der Legitimation durch Verfahren.

283 Henrik Enderlein, Bemerkung in einer von Ulrike Guérot moderierten Diskussion mit Christian Callies, Joschka Fischer und Jürgen Habermas, dokumentiert als: »Europa und die deutsche Frage«, in: *Demokratie oder Kapitalismus. Europa in der Krise*, herausgegeben von den *Blättern für deutsche und internationale Politik*, Berlin: Blätter Verlagsgesellschaft 2013, S. 183-211, S. 201; vgl. auch Heiner Flassbeck, *Zehn Mythen der Krise*, Berlin: Suhrkamp 2012, S. 8, S. 20 ff.

284 Streeck / Mertens, »Politik im Defizit«, a. a. O., S. 31; vgl. auch Wolfgang Streeck, »Die Krise des demokratischen Kapitalismus«, in: *Lettre International* 95 (Winter 2011), S. 7-17.

285 Während einer gemeinsamen Pressekonferenz mit dem portugiesischen Ministerpräsidenten Pedro Passos Coelho im Sommer 2013 sagte Merkel, man werde »Wege finden, wie die parlamentarische Mitbestimmung so gestaltet ist, dass sie trotzdem auch marktkonform ist« (zit. n. Stephan Löwenstein, »Suche nach Konsens bei Euro-Rettung«, in: *Frankfurter Allgemeine Zeitung* [1. September 2013], online verfügbar unter: {http://www.faz.net/aktuell/politik/inland/parlamentsbeteiligung-suche-nach-konsens-bei-euro-rettung-11129759.html} [Stand Januar 2014]).

286 Streeck, »Die Krise des demokratischen Kapitalismus«, a. a. O.

287 Vgl. Karl Marx, »Der 18. Brumaire des Louis Bonaparte«, *Marx-Engels-Werke*, Band 8, Berlin: Dietz 1960 [1852], S. 111-207.

288 Fritz W. Scharpf, »Demokratische Politik in Europa«, in: *Zur Neuordnung der Europäischen Union. Die Regierungskonferenz 1996/97*, herausgegeben von Dieter Grimm, Joachim Jens Hesse, Reimut Jochimsen und Fritz W. Scharpf, Baden-Baden: Nomos 1997, S. 65-91, S. 82 (meine Hervorhebung – HB); Streeck / Mertens, »Politik im Defizit«, a. a. O., S. 31 f.

289 Vgl. Wolfgang Abendroth, »Zum Begriff des demokratischen und sozialen Rechtsstaats im Grundgesetz der Bundesrepublik Deutschland«, in: *Rechtsstaatlichkeit und Sozialstaatlichkeit*, herausgegeben von Ernst Forsthoff, Darmstadt: Wissenschaftliche Buchgesellschaft 1968 [1954], S. 114-144.

290 Erhard Denninger, »Von der bürgerlichen Eigentumsgesellschaft zum demokratischen Rechtsstaat«, in: *Funkkolleg Praktische Philosophie / Ethik. Studientexte*, Band 3, herausgegeben von Karl-Otto Apel, Dietrich Böhler und Karl-Heinz Rebel, Weinheim / Basel: Beltz 1984, S. 814-844, S. 815, S. 839 ff.

291 Jürgen Habermas, *Faktizität und Geltung. Beiträge zur Diskurstheorie des Rechts und des demokratischen Rechtsstaats*, Frankfurt am Main: Suhrkamp 1992, S. 151, S. 156 f.

292 Vgl. Armin Schäfer, »Mehr Markt, weniger Beteiligung?«, Vortrag, gehalten auf der Darmstädter Tagung »Soziale Krise der Demokratie« (6. Juli 2013); ders., »Liberalization, inequality and democracy's discontent«, in: *Politics in the Age of Austerity*, herausgegeben von Armin Schäfer und Wolfgang Streeck, Cambridge: Polity 2013, S. 169-195, S. 173 ff.

293 Ebd., S. 184.

294 Vgl. Michael Hartmann, »Elitenreproduktion in der Postdemokratie«, Vortrag, gehalten auf der Darmstädter Tagung »Soziale Krise der Demokratie« (5. Juli 2013); vgl. auch Schäfer, »Mehr Markt, weniger Beteiligung?«, a. a. O.

295 Vgl. Paul K. Piff / Daniel M. Stancato / Stefane Cote et al., »Higher social class predicts increased unethical behaviour«, in: *Proceedings of the National Academy of Sciences of the United States of America* 11 (2012), S. 4086-4091; in bezug auf Unterschichten ist der sozialpsychologische Befund gegenteilig; vgl. Paul K. Piff / Michael Kraus / Stefanie Cote et al., »Having less, giving more: The influence of social class on prosocial behaviour«, in: *Journal of Personality and Social Psychology* 5 (2010), S. 771-784.

296 Vgl. zum Begriff des reichen und des armen »Pöbels« Frank Ruda, *Hegels Pöbel*, Konstanz University Press 2011.

297 Vgl. auch Wolfgang Streeck, »Volksheim oder Shopping Mall? Die Reproduktion der Gesellschaft im Dreieck von Markt, Sozialstruktur und Politik« (MPIfG Working Papers 11 / 5), Köln: Max-Planck-Institut für Gesellschaftsforschung 2011, S. 17 ff., online

verfügbar unter: {http://www.mpifg.de/pu/workpap/wp11-5.pdf} (Stand Januar 2014).

298 Vgl. Schäfer, »Mehr Markt, weniger Beteiligung?«, a. a. O.; vgl. auch ders./Harald Schoen, »Mehr Demokratie, aber nur für wenige? Der Zielkonflikt zwischen mehr Beteiligung und politischer Gleichheit«, in: *Leviathan* 1 (2013), S. 94-120; Hartmann, »Elitenreproduktion in der Postdemokratie«, a. a. O.

299 Schäfer, »Liberalization, inequality and democracy's discontent«, a. a. O., S. 188.

300 Vgl. Schäfer, »Mehr Markt, weniger Beteiligung?«, a. a. O.

301 Dieser Zusammenhang ist sogar Renate Köcher vom konservativen Institut für Demoskopie in Allensbach aufgefallen, auch wenn sie ihn nicht auf die relationale Klassenlage, sondern auf das Informationsverhalten und den Sonntagsausflug zurückführt, sich aber immerhin genötigt sieht, dessen Schichtabhängigkeit vorsichtig zuzugestehen: »Politisches Interesse ist heute stärker altersgebunden und auch vermehrt eine Frage der sozialen Schicht. Dies hat nicht zuletzt mit den Veränderungen des Informationsverhaltens zu tun. Es gibt einen engen Zusammenhang zwischen Printaffinität und insbesondere der Lektüre von Tageszeitungen und dem politischen Interesse.« (»Die normative Kraft des Sonntagsausflugs«, in: *Frankfurter Allgemeine Zeitung* [5. September 2013], online verfügbar unter: {http://www.faz.net/aktuell/politik/denk-ich-an-deutschland-1/bundestagswahl-2013-die-normative-kraft-des-sonntagsausflugs-12555287.html} ([Stand Januar 2014]).

302 Richard Wilkinson / Kate Pickett, *The Spirit Level. Why Greater Equality Makes Societies Stronger*, New York: Bloomsbury 2010; Tony Judt, *Dem Land geht es schlecht. Ein Traktat über unsere Unzufriedenheit*, München: Hanser 2011.

303 Vgl. Schäfer, »Mehr Markt, weniger Beteiligung?«, a. a. O.

304 Vgl. Jürgen Habermas, *Legitimationsprobleme im Spätkapitalismus*, Frankfurt am Main: Suhrkamp 1973.

305 Vgl. Susan Watkins, »Vanity and venality«, in: *London Review of Books* 16 (2013), S. 17-21, online verfügbar unter: {http://www.lrb.co.uk/v35/n16/susan-watkins/vanity-and-venality} (Stand Januar 2014).

306 Streeck / Mertens, »Politik im Defizit. Austerität als fiskalpolitisches Regime«, a. a. O., S. 8, S. 32; Streeck, Die Krise des demokratischen Kapitalismus, a. a. O.

307 Karl Marx, »Der 18. Brumaire des Louis Bonaparte«, *Marx-Engels-Werke*, Band 8, Berlin: Dietz 1960 [1852], S. 111-207, S. 112.

308 Vgl. zur englischen Katastrophe Judt, *Dem Land geht es schlecht*, a. a. O.

309 Richtig gesehen, aber falsch bewertet von Rainer Hank (»Warum sind Liberale heute nicht mehr links?«, in: *Frankfurter Allgemeine Sonntagszeitung* [1. September 2013], S. 24).

310 Streeck / Mertens, »Politik im Defizit. Austerität als fiskalpolitisches Regime«, a. a. O., S. 16, S. 24.

311 Georg Wilhelm Friedrich Hegel, »Philosophische Enzyklopädie für die Oberklasse«, *Werke*, Band 4, Frankfurt am Main: Suhrkamp 1971 [1808 ff.], S. 9-68, S. 55, § 168; ähnlich mit Bezug auf den Staat: Hegel, *Logik II*, Hamburg: Meiner 1975 (1934), S. 410; vgl. auch Michael Theunissen, »Begriff und Realität. Hegels Aufhebung des metaphysischen Wahrheitsbegriffs«, in: *Seminar: Dialektik der Philosophie Hegels*, herausgegeben von Rolf-Peter Horstmann, Frankfurt am Main: Suhrkamp 1978, S. 324-359, S. 348 f.

312 Vgl. zur Aktualität des inneren Zusammenhangs von Wahrheit und Demokratie, der Rousseaus alter Unterscheidung zugrunde liegt, Habermas, *Faktizität und Geltung*, a. a. O.; ders., Legitimationsprobleme im Spätkapitalismus, a. a. O., Schlußkapitel; Daniel Gaus, »Qualität statt Partizipation und Gleichheit? Eine Bemerkung zum epistemischen Sinn von Demokratie«, in: *Leviathan* 2 (2013), S. 1-27; Markus Patberg, »Suprastaatliche Verfassungspolitik und die Methode der rationalen Rekonstruktion«, in: *Zeitschrift für Politische Theorie* 4 / 1 (2013), S. 80-89; Hauke Brunkhorst, »Demokratie und Wahrheit«, in: *Leviathan* 4 (2009), S. 491-500.

313 Ulrich Brinkmann / Oliver Nachtwey, »Postdemokratie, Mitbestimmung und industrielle Bürgerrechte«, Vortrag, gehalten auf der Darmstädter Tagung »Soziale Krise der Demokratie« (6. Juli 2013).

314 Vgl. die aufschlußreiche Fallstudie Gary Herrigel, »Roles and rules: Ambiguity, experimentation and new forms of stakeholderism in Germany« in: *Industrielle Beziehungen* 15 / 2 (2008), S. 111-133.

315 Knapp und treffend: Henrik Enderlein, »Grenzen der europäischen Integration? Herausforderungen an Recht und Politik«, Vortrag, gehalten im Rahmen eines von der Deutschen Forschungsgemeinschaft in Kooperation mit der Friedrich-Ebert-Stif-

tung veranstalteten Rundgesprächs zum Thema »Recht und Politik in der Europäischen Union« am 25./26. November 2011 in Berlin, zit. n. dem Manuskript.

316 Fritz W. Scharpf, »Rettet Europa vor dem Euro«, in: *Berliner Republik* 2 (2012), online verfügbar unter: {http://www.b-republik.de/aktuelle-ausgabe/rettet-europa-vor-dem-euro} (Stand Januar 2014).

317 Vgl. Claus Offe, »Europe entrapped. Does the EU have the political capacity to overcome its current crisis?«, in: *European Law Journal* 19/5 (2013), S. 595-611.

318 Wolfang Streeck, *Gekaufte Zeit. Die vertagte Krise des demokratischen Kapitalismus*, Berlin: Suhrkamp 2013, S. 246 ff.

319 Christoph Deutschmann, »Warum tranken die Pferde nicht?«, in: *Frankfurter Allgemeine Zeitung* (25. September 2013), S. 4.

320 Offe, »Europe entrapped«, a. a. O.

VI. Wiederkehr des Verdrängten

321 Treffend zur normativ entkernten Politik Jürgen Habermas, »Ein Fall von Elitenversagen«, in: *Der Spiegel* (5. August 2013), S. 26-27, S. 27.

322 Paul Statham / Hans-Jörg Trenz, »Understanding the mechanisms of EU politicization: Lessons from the euro-zone crisis«, unveröffentlichtes Manuskript (2013).

323 Eine begriffliche Schwäche, die auch bei Scharpf zutage tritt (Fritz W. Scharpf, *Regieren in Europa. Effektiv und demokratisch?*, Frankfurt am Main: Campus 1999).

324 Vgl. mit weiteren Hinweisen zur einschlägigen Forschung Daniel Gaus, »Qualität statt Partizipation und Gleichheit? Eine Bemerkung zum epistemischen Sinn von Demokratie«, in: *Leviathan* 2 (2013), S. 1-27.

325 So aber Wolfgang Streeck, *Gekaufte Zeit. Die vertagte Krise des demokratischen Kapitalismus*, Berlin: Suhrkamp 2013, S. 244; vgl. auch ders., »Vom DM-Nationalismus zum Euro-Patriotismus?«, in: *Demokratie oder Kapitalismus. Europa in der Krise*, herausgegeben von den *Blättern für deutsche und internationale Politik*, Berlin: Blätter Verlagsgesellschaft 2013, S. 87-104.

326 Claudio Franzius/Ulrich K. Preuß, »Die Zukunft der Europäischen Demokratie«, Reihe »Europa« der Heinrich-Böll-Stiftung, Band 7, Berlin 2012, S. 125, online verfügbar unter: {http://www.boell.de/publikationen/publikationen-zukunft-europaeische-demokratie-

publikation-13961.html} (11. Januar 2014); ähnlich Streeck, *Gekaufte Zeit*, a. a. O., S. 215 ff.

327 Wolfgang Streeck, »Sectoral specialization: Politics and the nation state in a global economy«, Vortrag, gehalten auf dem 37. World Congress of the International Institute of Sociology in Stockholm (2005).

328 Generell und noch ohne Bezug auf das Austeritätsregime Fritz W. Scharpf, »Demokratische Politik in Europa«, in: *Zur Neuordnung der Europäischen Union. Die Regierungskonferenz 1996/97*, herausgegeben von Dieter Grimm, Joachim Jens Hesse, Reimut Jochimsen und Fritz W. Scharpf, Baden-Baden: Nomos 1997, S. 65-91, S. 83.

329 Vgl. Offe, »Europe entrapped«, a. a. O.

330 Enderlein, Henrik Enderlein, »Grenzen der europäischen Integration? Herausforderungen an Recht und Politik«, Vortrag, gehalten im Rahmen eines von der Deutschen Forschungsgemeinschaft in Kooperation mit der Friedrich-Ebert-Stiftung veranstalteten Rundgesprächs zum Thema »Recht und Politik in der Europäischen Union« am 25./26. November 2011 in Berlin, zit. n. dem Manuskript.

331 Scharpf, »Demokratische Politik in Europa«, a. a. O., S. 82.

332 Vgl. Offe, »Europe entrapped«, a. a. O.

333 Enderlein, Bemerkung in: »Europa und die deutsche Frage«, a. a. O., S. 201.

334 Ira Katznelson, *When Affirmative Action was White: An Untold History of Racial Inequality in Twentieth-Century America*, New York / London: W. W. Norton 2005.

335 Vgl. zu den juristischen Details Andreas Fischer-Lescano, »Austeritätspolitik und Menschenrechte. Rechtspflichten der Unionsorgane beim Abschluß von Memoranda of Understanding«, Rechtsgutachten im Auftrag der Kammer für Arbeiter/innen und Angestellte für Wien, Bremen 2013, S. 6 f., S. 40 f., S. 53, S. 56, S. 61 f., online verfügbar unter: {http://media.arbeiterkammer.at/PDF/Austeritaetspolitik_und_Menschenrechte.pdf} (Stand Januar 2014).

336 Vgl. Michael Martens, »Unsere Erfolge sind beeindruckend«, ein Gespräch mit Evangelos Venizelos, in: *Frankfurter Allgemeine Sonntagszeitung* (5. Januar 2014), S. 2.

337 Schon aus funktionalen Gründen; vgl. Enderlein, Bemerkung in: »Europa und die deutsche Frage«, a. a. O., S. 200 ff.

338 Vgl. Offe, »Europe entrapped«, a. a. O.
339 Vgl. Georg Lukács, *Geschichte und Klassenbewußtsein*, Neuwied: Luchterhand 1970 [1923].
340 Vgl. mit detaillierten Umsetzungsvorschlägen Markus Büchting / Frank Herrmann / Stefanie Janczyk et al., »Eine Perspektive für den Kampf um gewerkschaftliche Gestaltungsmacht in Europa: Europäische Tarifautonomie ist möglich!« (Januar 2008), online verfügbar unter: {http://www.tarifautonomie.eu/Download/inet.pdf} (Stand Januar 2014).
341 Ebd.
342 Die Glienicker Gruppe ist eine lose Assoziation deutscher Ökonomen, Politologen und Juristen. Das interessante und konkrete Thesenpapier »Mobil, gerecht, einig« erschien am 17. Oktober 2013 in der Wochenzeitung *Die Zeit* (S. 30 f.). Vorgeschlagen werden dort u. a. eine Banken- und Transferunion, eine europäische Arbeitslosenversicherung, ein Euro-Vertrag zur weiteren politischen Integration der Eurozone, europäische Steuern und eine parlamentarisch verantwortliche Wirtschaftsregierung mit den nötigen Exekutivkompetenzen.
343 Vgl. ähnlich Susan Watkins, »Vanity and venality«, in: *London Review of Books* 16 (2013), S. 17-21, online verfügbar unter: {http://www.lrb.co.uk/v35 / n16 / susan-watkins/vanity-and-venality} (Stand Januar 2014).
344 Fritz W. Scharpf, »Regieren im europäischen Mehrebenensystem – Ansätze zu einer Theorie«, in: *Leviathan* 1 (2002), S. S. 65-92, 85 f.
345 Vgl. Fritz W. Scharpf, »Was man von einer europäischen Verfassung erwarten und nicht erwarten sollte«, Vortrag anläßlich der Verleihung des Schader-Preises am 7. November 2002 in Darmstadt, online verfügbar unter: {http://www.mpifg.de/people/fs/documents/pdf /Vortrag-Nov07-2002.pdf} (Stand Januar 2014); ders., »Jenseits der Regime-Debatte: Ökonomische Integration, Demokratie und Wohlfahrtsstaat in Europa«, in: *Welten des Wohlfahrtskapitalismus. Der Sozialstaat in vergleichender Perspektive*, herausgegeben von Stephan Lessenich und Ilona Ostner, Frankfurt am Main: Campus 1998, S. 321-349.
346 Scharpf, »Regieren im europäischen Mehrebenensystem«, a. a. O., S. 85 f.
347 Enderlein, Bemerkung in: »Europa und die deutsche Frage«, a. a. O., S. 200.
348 Vgl. Bruce Ackerman, *We the People*, Band 2, *Transformations*,

Cambridge (Mass.): Harvard University Press 1998; vgl. zur Vorbildfunktion des New Deal für Europa auch Kolja Möller (»Die Europäische Sozialunion«, in: Liebert Ulrike / Wolff Jana (Hg.), *Interdisziplinäre Europastudien*, Springer VS, erscheint 2014, zit. n. d. Ms.).

349 Vgl. Jacques Rancière, *Das Unvernehmen. Politik und Philosophie*, Frankfurt am Main: Suhrkamp 2002 [1995].

350 Das zeigt auch die einschlägige Forschung; vgl. Statham / Trenz, »Understanding the mechanisms of EU politicization«, a. a. O.

351 Scharpf, »Demokratische Politik in Europa«, a. a. O., S. 84.

352 Jürgen Habermas, »Die Krise der Europäischen Union im Lichte einer Konstitutionalisierung des Völkerrechts – Ein Essay zur Verfassung Europas«, in: ders., *Zur Verfassung Europas. Ein Essay*, Berlin: Suhrkamp 2011, S. 39-96, S. 55 ff.

353 Ähnlich zur emanzipatorischen Leistung des Rechtsformalismus Christoph Möllers, *Die drei Gewalten. Legitimation der Gewaltengliederung in Verfassungsstaat, Europäischer Integration und Internationalisierung*, Weilerswist: Velbrück 2008, S. 238.

354 Vgl. aber Hans-Jürgen Urban, »Gewerkschaftspolitik in der Postdemokratie«, Vortrag, gehalten auf der Darmstädter Tagung »Soziale Krise der Demokratie« (6. Juli 2013).

355 Vgl. zur kognitiven Seite Niklas Luhmann, *Soziologie des Risikos*, Berlin: De Gruyter 1991, S. 135 ff.; vgl. zur normativen Seite Rainer Döbert / Gertrud Nunner-Winkler, *Adoleszenzkrise und Identitätsbildung*, Frankfurt am Main: Suhrkamp 1975.

356 Ein gutes Bild dieser Situation vermittelt Mark Kitchells Dokumentarfilm *Berkeley in the Sixties* (USA 1990).

357 Vgl. Claus Offe, *Berufsbildungsreform. Eine Fallstudie über Reformpolitik*, Frankfurt am Main: Suhrkamp 1975.

358 Vgl. Talcott Parsons / Gerald M. Platt, *Die amerikanische Universität. Ein Beitrag zur Soziologie der Erkenntnis*, Frankfurt am Main: Suhrkamp 1990 [1973]; Jürgen Habermas, *Protestbewegung und Hochschulreform*, Frankfurt am Main: Suhrkamp 1969.

»Soziologie« in der edition suhrkamp Eine Auswahl

Pablo Alabarces. Für Messi sterben? Der Fußball und die Erfindung der argentinischen Nation. es 2608. 287 Seiten

Louis Althusser. Für Marx. Vollständige und durchgesehene Ausgabe. Herausgegeben von Frieder Otto Wolf. es 2600. 409 Seiten

Arjun Appadurai. Die Geographie des Zorns. Übersetzt von Bettina Engels. es 2541. 158 Seiten

Jakob Arnoldi. Alles Geld verdampft. Finanzkrise in der Weltrisikogesellschaft. Übersetzt von Niklas Hofmann. es 2590. 92 Seiten

Peter-Paul Bänziger/Stefanie Duttweiler/Philipp Sarasin/ Annika Wellmann (Hg.). Fragen Sie Dr. Sex/Ratgeberkommunikation und die mediale Konstruktion des Sexuellen. es 2595. 376 Seiten

Zygmunt Bauman
- Flüchtige Moderne. Übersetzt von Reinhard Kreissl. es 2447. 260 Seiten
- Gemeinschaften. Auf der Suche nach Sicherheit in einer bedrohlichen Welt. Übersetzt von Frank Jakubzik. es 2565. 180 Seiten
- Wir Lebenskünstler. Übersetzt von Frank Jakubzik. es 2594. 206 Seiten

Zygmunt Bauman/David Lyon. Daten, Drohnen, Disziplin. Ein Gespräch über flüchtige Überwachung. Übersetzt von Frank Jakubzik. es 2667. 204 Seiten

NF 350/1/9.13

Ulrich Beck
- Das deutsche Europa. Neue Machtlandschaften im Zeichen der Krise. edition suhrkamp digital. 79 Seiten
- Die Erfindung des Politischen. Zu einer Theorie reflexiver Modernisierung. es 1780. 303 Seiten
- Nachrichten aus der Weltinnenpolitik. es 2619. 149 Seiten
- Die Neuvermessung der Ungleichheit unter den Menschen: Soziologische Aufklärung im 21. Jahrhundert. Eröffnungsvortrag zum Soziologentag »Unsichere Zeiten« am 6. Oktober 2008 in Jena. 57 Seiten
- Risikogesellschaft. Auf dem Weg in eine andere Moderne. es 1365 und es 3326. 396 Seiten

Ulrich Beck/Angelika Poferl (Hg.). Große Armut, großer Reichtum. Zur Transnationalisierung sozialer Ungleichheit. es 2614. 694 Seiten

Ulrich Beck/Anthony Giddens/Scott Lash. Reflexive Modernisierung. Eine Kontroverse. es 1705. 364 Seiten

Ingolfur Blühdorn. Simulative Demokratie. Neue Politik nach der postdemokratischen Wende. es 2634. 304 Seiten

Pierre Bourdieu
- Ein soziologischer Selbstversuch. Übersetzt von Stephan Egger. Mit einem Nachwort von Franz Schultheis. es 2311. 160 Seiten
- Praktische Vernunft. Zur Theorie des Handelns. Übersetzt von Hella Beister. es 1985. 226 Seiten
- Rede und Antwort. Übersetzt von Bernd Schwibs. es 1547. 237 Seiten
- Soziologische Fragen. Übersetzt von Hella Beister und Bernd Schwibs. es 1872. 256 Seiten

NF 350/2/9.13

- Über das Fernsehen. Übersetzt von Achim Russer. es 2054. 140 Seiten

Elena Esposito. Die Fiktion der wahrscheinlichen Realität. Übersetzt von Nicole Reinhardt. es 2485. 127 Seiten

Mischa Gabowitsch. Putin kaputt!? Russlands neue Protestkultur. es 2661. 441 Seiten

Anthony Giddens. Entfesselte Welt. Wie Globalisierung unser Leben verändert. Übersetzt von Frank Jakubzik. es 2200. 116 Seiten

David Harvey. Rebellische Städte. Vom Recht auf Stadt zur urbanen Revolution. Aus dem Englischen von Yasemin Dinçer. es 2657. 283 Seiten

Hartmut Häußermann/Dieter Läpple/Walter Siebel. Stadtpolitik. es 2512. 403 Seiten

Wilhelm Heitmeyer (Hg.)
- Deutsche Zustände. Folge 1. es 2290. 304 Seiten
- Deutsche Zustände. Folge 2. es 2332. 320 Seiten
- Deutsche Zustände. Folge 3. es 2388. 300 Seiten
- Deutsche Zustände. Folge 4. es 2454. 320 Seiten
- Deutsche Zustände. Folge 5. es 2484. 300 Seiten
- Deutsche Zustände. Folge 6. es 2525. 308 Seiten
- Deutsche Zustände. Folge 7. es 2552. 328 Seiten
- Deutsche Zustände. Folge 8. es 2602. 319 Seiten
- Deutsche Zustände. Folge 9. es 2616. 348 Seiten
- Deutsche Zustände. Folge 10. es 2647. 336 Seiten

Wilhelm Heitmeyer/Hans-Georg Soeffner (Hg.). Gewalt. Neue Entwicklungen und alte Analyseprobleme. es 2246. 560 Seiten

NF 350/3/9.13

Karl Otto Hondrich

- Enthüllung und Entrüstung. Eine Phänomenologie des politischen Skandals. es 2270. 166 Seiten
- Liebe in Zeiten der Weltgesellschaft. es 2313. 176 Seiten
- Der Neue Mensch. es 2287. 222 Seiten.
- Wieder Krieg. es 2297. 194 Seiten

Claudia Honegger/Sighard Neckel/Chantal Magnin (Hg.). Strukturierte Verantwortungslosigkeit. Berichte aus der Bankenwelt. Mit einem Text von Elfriede Jelinek. es 2607. 395 Seiten

Eva Illouz. Die neue Liebesordnung. Frauen, Männer und *Shades of Grey.* Übersetzt von Michael Adrian. edition suhrkamp digital. 88 Seiten

Marie Jahoda/Paul F. Lazarsfeld/Hans Zeisel. Die Arbeitslosen von Marienthal. Ein soziographischer Versuch über die Wirkungen langandauernder Arbeitslosigkeit. Mit einem Anhang zur Geschichte der Soziographie. es 769. 148 Seiten

Christoph Kucklick. Das unmoralische Geschlecht. Zur Geburt der negativen Andrologie. es 2538. 379 Seiten

Martina Löw/Renate Ruhne. Prostitution. Herstellungsweisen einer anderen Welt. es 2632. 215 Seiten

Daniel Miller. Der Trost der Dinge. Fünfzehn Porträts aus dem London von heute. es 2613. 226 Seiten

Stephan Moebius/Markus Schroer (Hg.). Diven, Hacker, Spekulanten. Sozialfiguren der Gegenwart. es 2573. 462 Seiten

NF 350/4/9.13

Richard Münch.
- Die akademische Elite. Zur sozialen Konstruktion wissenschaftlicher Exzellenz. es 2510. 474 Seiten
- Akademischer Kapitalismus. Über die politische Ökonomie der Hochschulreform. es 2633. 457 Seiten
- Globale Eliten, lokale Autoritäten. Bildung und Wissenschaft unter dem Regime von PISA, McKinsey &. Co. es 2560. 266 Seiten

Sighard Neckel/ Greta Wagner (Hg.). Leistung und Erschöpfung. Burnout in der Wettbewerbsgesellschaft. es 2666. 216 Seiten

Ludger Pries. Die Transnationalisierung der sozialen Welt. Sozialräume jenseits von Nationalgesellschaften. es 2521. 398 Seiten

Shalini Randeria/Andreas Eckert (Hg.). Vom Imperialismus zum Empire. Nicht-westliche Perspektiven auf Globalisierung. Herausgegeben von Andreas Eckert und Shalini Randeria. es 2548. 337 Seiten

Werner Schiffauer. Nach dem Islamismus. Die Islamische Gemeinschaft Milli Görüş. Eine Ethnographie. es 2570. 391 Seiten

Mark Terkessidis. Interkultur. es 2589. 220 Seiten

Bernhard Zangl/Michael Zürn. Frieden und Krieg. Sicherheit in der nationalen und postnationalen Konstellation. es 2337. 338 Seiten

NF 350/5/9.13